실리콘밸리를 읽으면
미국 주식이 보인다

실리콘밸리를 읽으면
미국 주식이 보인다

양연정 지음

쌤앤파커스

★

이 책에 관심을 가지는 독자들에게

앞으로 이 책에서 다룰 '실리콘밸리 기술주와 미국 증시 랠리'의
기본 투자 원칙은 ETF를 통한 2년 이상 장기 분산투자다. 단타 매
매를 위한 매수 및 매도 타이밍 잡는 법이나, 재무제표와 차트 읽
는 법은 다루지 않는다. '넥스트 테슬라' 혹은 급등주 종목 추천,
단기 투자를 위한 기술적 분석을 원하는 독자들에게 이 책을 추
천하지 않음을 미리 밝혀둔다.

기술주 투자를 하려면
실리콘밸리를 봐라

한국의 2030 세대와 마찬가지로, 이곳 실리콘밸리 친구들도 모였
다 하면 주식 이야기다. 무슨 종목을 언제 사고 언제 팔아야 할지,
다음 종목은 무엇으로 할지 이야기꽃을 피운다.

　2020년은 미국 주식 랠리의 한 해였다. 코로나 급락에 따른
충격은 잠시, 유례없이 빠른 주가 반등이 뒤따랐다. 랠리의 주인
공은 실리콘밸리의 대형 기술주들이다. 아마존과 넷플릭스가 상
반기 반등을 이끌었다면, 하반기의 스타는 테슬라였다. 테슬라 주
가는 2020년 한 해에만 700% 올랐다. 실리콘밸리의 젊은 엔지니
어들은 미국 주식 랠리를 잠시라도 놓칠까 집세 낼 돈까지 탈탈
털어 주식에 쏟아부었다.

　2020년은 나의 첫 책《앞으로 3년, 미국 랠리에 올라타라》가

출간된 지 3년째 되는 해이기도 했다. 《앞으로 3년》의 메시지는 두 가지였다.

첫째, 트럼프 대통령이 시장 친화적 정책을 펼치며 미국 증시는 앞으로 3년간 랠리할 것이다.

둘째, 실리콘밸리를 중심으로 한 기술주가 상승을 주도할 것이다.

내 예상은 정확히 맞았다. 미국 주식시장은 《앞으로 3년》이 출판된 2017년 3월부터 코로나 팬데믹이 선언된 2020년 3월까지 3년 동안 쉬지 않고 상승했다. 주가 상승을 견인한 것은 나스닥 대장주들이다. 아마존, 마이크로소프트, 넷플릭스의 주가는 세 배, 애플과 구글은 두 배 넘게 올랐다.

미국 증시 랠리와 함께 미국 주식에 투자하는 한국 투자자들의 수도 엄청나게 늘었다. '서학개미'는 2020년 한 해 동안 테슬라 주식을 30억 달러(3조 3000억 원)어치나 쓸어 담으며, 테슬라 10대 주주에 이름을 올렸다. 각종 서적이 출간되고 관련 유튜버가 등장하면서, 한국에서 접할 수 있는 미국 주식시장에 대한 정보도 3년 전과는 비교가 되지 않는 수준으로 많아졌다.

실리콘밸리 기술주 상승의 최대 수혜자는 신규 상장 기업들의 직원이다. 〈뉴욕타임스〉는 2019년 한 해 동안 기업공개를 통해 100만 달러(11억 원) 이상의 수익을 낸 실리콘밸리 기업 직원의 수가 최소 5000명 이상일 것으로 추산했다. 기업공개가 더 활발했던 2020년에는 그 수가 거의 1만 명에 이르리라는 것이 현지 사람들의 예상이다.

구글이나 페이스북 같은 대형 테크 회사의 직원도 기술주 랠리의 수혜자다. 이들 기업의 주식 보상 제도(보너스를 현금 대신 주식으로 지급) 덕에 직원들은 자연스럽게 자사주를 보유하게 된다. 이렇게 쌓인 주식을 지난 3년 동안 가지고 있기만 했어도 수익률은 최소 100%다. 단기 매매에 따른 스트레스 없이 이렇게 쏠쏠한 투자 수익을 올리고, 이들 중 일부를 현금화해 전망 좋은 신규 상장주에 투자하기도 한다.

이들이 이용하는 신규 기술주 투자 정보는 먼 곳에 있지 않다. 실리콘밸리의 진정한 '내부자들', 곧 엔지니어들의 대화에 알짜 투자 정보가 숨어 있다. 이들은 어떤 회사가 어떤 기술을 개발 중인지, 투자는 얼마나 받았는지, 핵심 인력이 어떻게 이동하고 있는지 이야기한다. 이렇게 엔지니어들의 대화에서 거론된 회사들은 2~3년 이내에 기업공개 후보로 언론에 등장하고, 1년 이내에 상장한다. 그리고 그곳의 직원들은 기업공개로 번 돈을 또 다른 기술주에 투자한다.

실리콘밸리 엔지니어들은 재무제표나 차트를 보지 않는다. 그보다 좋은 실시간 정보와 미래 기술에 대한 아이디어가 현실 세계에 넘쳐나기 때문에, 모두가 아는 공시 자료나 과거 가격의 기록에 관심을 가질 이유가 없다. 테슬라 현직 엔지니어에게 전기자동차 기술을 직접 들을 수 있는데, 월가에서 예상하는 테슬라 주가가 무슨 의미겠는가.

이런 정보가 실리콘밸리에 넘쳐나는 이유는 간단하다. 투자 대상이 되는 테크 기업이 모두 실리콘밸리 회사들이기 때문이다.

2020년 한국 투자자들이 가장 많이 매수한 미국 주식 톱Top 5는 테슬라, 애플, 아마존, 마이크로소프트, 알파벳(구글)이다. 모두 실리콘밸리 혹은 미 서부에 본사가 있는 회사들이다. 테슬라는 팰로앨토Palo Alto, 애플은 쿠퍼티노Cupertino, 구글은 마운틴뷰Mountain View에 본사가 위치한다. 모두 실리콘밸리 지역 도시들이다. 아마존은 시애틀Seattle, 마이크로소프트는 레드먼드Redmond에 본사가 있는데, 두 도시 모두 미 서부 워싱턴주에 위치한다.

신규 상장 기업도 마찬가지다. 2021년 상장한 어펌Affirm(핀테크), 포시마크 Poshmark(중고 패션), 코인베이스Coinbase(가상화폐 거래소), 코세라Coursera(온라인 강좌)의 본사가 모두 실리콘밸리에 있다. 어펌과 코인베이스는 샌프란시스코San Francisco, 포시마크는 레드우드시티Redwood City, 코세라는 마운틴뷰가 본사다. 강력한 차기 상장 후보로 거론되는 로빈후드Robinhood(주식 거래), 스트라이프Stripe(핀테크), 인스타카트Instacart(온라인 장보기)도 예외 없이 모두 본사는 실리콘밸리다.

한마디로 미국 주식시장에서 투자할 만하다 싶은 테크 회사들은 90% 이상 실리콘밸리에 본사를 두고 있다. 본사를 미 동부에 둔 회사는 단 한 군데도 없다.

2021년 현재,《앞으로 3년》의 메시지는 여전히 유효하다. 앞으로도 미국 증시는 실리콘밸리가 주도하는 기술주 중심의 상승을 계속할 것이다. 대형 기술주들과 함께, 지난 3년간 폭발적으로 증가한 기업공개도 기술주 주도의 증시 상승 전망에 힘을 보태고 있다. 그리고 이들 기술주 투자에 필요한 알짜 정보는 월가가 아닌 실리콘밸리에 있다.

기술주 투자를 하려면 실리콘밸리를 봐야 한다.

차례 ────────────────────

Chapter 3

기술주 랠리는 계속된다

Chapter 4

나스닥시장의 대장 기술주들

CHAPTER 1

음악은
멈출 때 멈춘다

2020년 샌프란시스코, 코로나 급락의 시작

샌프란시스코에서 (당시에는 우한 바이러스라 부르던) 코로나 바이러스에 대한 이야기를 처음 들은 것은 2020년 1월의 일이다. 중국 우한 현지 상황을 담은 유튜브 영상을 통해서였다. 봉쇄령이 내려진 도시에서 대중교통은 멈췄고, 마트는 텅 비어 있었다. 방호복으로 온몸을 감싼 사람들이 환자가 누워 있었던 자리를 소독하고 청소하는 모습도 보였다. 윌 스미스가 주인공인 영화 〈나는 전설이다〉의 실사판 같았다.

2020년 2월이 되자 한국에서 코로나 바이러스가 퍼지고 있다는 뉴스가 나오기 시작했다. 함께 일하던 샌프란시스코 연방법원의 한 판사는 내게, 한국같이 훌륭한 보건 시스템이 있는 나라에 왜 바이러스가 퍼지는지 물어보기도 했다. 그때까지만 해도 코로나 바이러스는 중국, 혹은 넓게 보아도 동아시아 지역에 퍼진 국지적 바이러스로 보였다.

위기의 전조는 주식시장에서부터 느껴졌다. 2020년 2월 초에 1만 선을 트라이하던 나스닥지수는 슬금슬금 내려가기 시작하더니 2월 말 9000까지 떨어졌다. 미국에도 코로나가 퍼졌나? 미국 정부가 코로나 바이러스의 존재를 시인한 것은 2월 말이다. 연준 FRB 의장 제롬 파월Jerome Powell은 긴급 성명을 통해, 연준이 코로나 상황 전개를 예의 주시하면서 적절한 정책 수단을 준비하고 있다고 밝혔다.

캘리포니아주는 3월 중순 미국 주정부 중 최초로 자택대피령을 발동했다. 법원과 학교, 식당 등 모든 시설이 문을 닫고 재택근무가 시작되었다. 시행 초기에는 혼란도 많아서, 정부 시설은 자택대피령 발동 순간 문을 닫은 반면 개인 사업장은 영업을 계속하기도 했다. 마스크를 구하기도 어려웠다. 외국에 가족이 있는 친구들이 현지에서 공수해 주변에 마스크를 나눠줬다.

주가는 더 빠르게 하락하기 시작했다. 당장 전쟁이라도 터질 것 같은 공포가 TV와 인터넷 뉴스 지면을 채웠다. 모두가 두려워하는 위기의 순간이 온 것이다.

나는 12년 전 금융위기를 떠올렸다. 당시 나는 JP모건은행 홍콩 지점에서 파생상품 트레이더로 근무하고 있었다.

너희들은 시골 은행
현금인출기보다 못하다

2007년 뉴욕에서 보낸 여름은 신나고 재미있었다. 나는 JP모건은행 뉴욕 본사에서 승진 연수를 받았다. 애널리스트Analyst에서 어소시에이트Associate로 승진하는 트레이더를 대상으로 하는 6주간의 승진 연수다. 전 세계 JP모건 사무실에서 승진 대상자로 선발된 50~60명의 직원이 본사에 모였다.

    젊고, 부유하고, 도시에 살면 불행하고 싶어도 불행할 수가 없다. 연수 강연자로 들어온 디렉터의 말 그대로였다. 연수 기간 동안 월급과 함께 연수 지원금이 지급되었다. 낮에는 모의 트레이딩 교육을 받고, 밤에는 파티를 이어갔다. 주중에는 돌체앤가바나Dolce & Gabbana와 크리스찬루부탱Christian Louboutin 구두를 신고 뉴욕의 맛집과 클럽을 누비고, 주말에는 근교로 쇼핑을 갔다. 〈섹스앤더

시티Sex and the City〉의 주인공 같은 삶이었다.

한껏 들뜬 기분에 찬물을 끼얹은 사람은 JP모건 CEO 제이미 다이먼Jamie Dimon이었다. 그에 대한 소문은 들어서 알고 있었다. 그는 상업은행인 씨티Citi은행과 뱅크원Bank One 출신으로, 우리가 하는 투자은행이나 파생상품 트레이딩 사업에 매우 회의적인 시각을 가지고 있었다. 2004년 CEO로 취임한 이후 그는 투자은행 사업을 축소하고 상업은행 부서에 힘을 실어주는 행보를 보였다.

승진 연수 환영 연설에서 그가 말했다.

"여러분 중 파생상품 트레이더가 있으면 손을 들어보세요."

나를 비롯한 10여 명이 손을 들었다. 그러자 그는 씩 웃으며 말했다.

"솔직히 여러분 한 사람 한 사람은 회사 입장에서 볼 때 캔자스주에 놓인 현금인출기ATM 한 대만도 못합니다. 왜냐고요? 자기 돈도 아닌 고객 돈으로 큰 도박판을 벌이는데, 버는 돈에 비하면 위험이 어마어마하기 때문이죠."

그러더니 자신의 목표는 수년 내로 우리가 일하는 팀(파생상품 트레이딩팀) 전체를 없애는 것이란다.

믿을 수 없는 이야기였다. 파생상품 트레이딩은 에이스들만 가는 핫한 사업부였다. 금융상품이 복잡할수록 잘 팔리던 시대였다. 시뮬레이션 모델을 돌릴 줄 아는 퀀트quant 능력과 트레이딩 스킬을 함께 갖춘 사람만 파생상품 트레이더가 될 수 있었다. 그런

고급 기술을 연마한 트레이더는 JP모건 아시아 전체에 20명도 되지 않았다.

그중 한 사람이 된 것만으로도 자부심이 넘치던 나였다. 한국에서 외환 영업직으로 입사해 홍콩 파생상품 트레이딩 데스크에 합류하기까지 2년이 걸렸다. 업무 성과는 물론이고, 아시아 본사(홍콩) 출신 임원들과 인맥을 만들기 위해 얼마나 애썼던가. 그런 나에게 시골 은행 현금인출기만도 못하다니.

그 말은 농담이 아니었다. 제이미 다이먼은 '실제로' 그렇게 했다. 그는 그 후로 정말 파생상품 부서를 대폭 축소했다. 일단 프랍트레이더proprietary trader(고객 돈이 아닌 회사 돈을 굴리는 트레이더)부터 전부 잘라버렸다. 금융위기의 원인이 된 부채담보부증권CDO을 포함한 파생상품 부문도 반 이상 줄였다.

JP모건은 파생상품 부서를 일찍 정리하고 안정적인 상업은행 사업에 집중한 덕분에, 금융위기에 따른 상처를 거의 입지 않았다. 경쟁자들이 무너진 틈을 파고든 JP모건은 그 후 미국 4대 은행(JP모건, 씨티은행, 웰스파고Wells Fargo, 뱅크오브아메리카BoA)으로 등극하게 되고, JP모건을 구하고 영웅이 된 제이미 다이먼은 2021년 현재 여전히 JP모건의 CEO다.

제이미 다이먼이 2007년 당시 이미 움직이기 시작했던 것은 분명하다. 몇 주 후 아침, 연수 장소에 가보니 몇몇 얼굴이 보이지 않았다. 주변에 물어보니 그들은 어제부로 해고되었다고 한다. 이유도, 설명도 없었다. 그냥 몇 군데 빈자리가 보일 뿐이었다. 승진 연수 중에 해고라니, 정말 최악이라고 생각했다.

그렇다고 달라지는 것은 없었다. 일단 나는 잘리지 않았으니까. 나는 남은 연수 기간을 충실히 즐기고 홍콩으로 복귀했다. 제이미 다이먼의 말이 가끔 떠올랐다. 농담일 거라고, 나는 아닐 거라고 생각하려 애썼다.

금융위기와
시스템 리스크

금융위기, 다른 말로 서브프라임 모기지Subprime Mortgage 사태는 미국의 주택담보대출 시장이 무너지면서 발생한 세계적인 경제 위기를 말한다. 사태의 발단은 미국의 부동산 부실 대출이었다. 1990년대 닷컴 버블 붕괴와 2001년 9·11 테러로 비롯된 디플레이션에 대응하기 위해 미 연준은 저금리 정책을 실시했다. 2000년 6%가 넘었던 정책금리는 2003년 1%까지 떨어졌다. 금리 인하와 함께 주택담보대출 금리가 낮아지면서 주택 수요가 증가하고 부동산 가격은 폭등했다.

부동산 가격 폭등을 수익 기회로 삼기 위해, 투자은행을 비롯한 금융기관은 주택담보대출금을 기반으로 하는 주택저당증권 MBS을 발행하고, 이를 다시 증권화securitization 한 부채담보부증권CDO

을 개발했다. 기존 채권보다 고수익을 보장하는 CDO가 투자자들에게 인기를 끌면서, 투자은행들의 사업은 속도가 붙었다.

초기에 우량Prime 고객 위주였던 담보대출은 투자 기준이 완화되면서 돈을 갚지 못할 수 있는 비우량, 곧 서브프라임Subprime 고객에까지 확대되었다. 대출 심사 기준은 낮아졌고, 이렇게 남발된 대출은 등급을 나눈 CDO 형태로 재판매되었다. 이후에는 CDO를 매개로 하는 신용부도스와프CDS까지 성행하며, 고수익 투자처를 찾아 헤매는 전 세계의 돈이 파생상품 시장으로 몰려들었다.

버블이 터진 것은 미국 정부가 주택 시장 과열과 물가 상승에 대응하기 위해 점진적으로 금리를 인상하기 시작하면서부터다. 대출금을 감당하지 못하는 집주인들이 집을 팔기 시작하며 주택의 시장가격이 급락하고 부실 대출 규모가 급증했다. CDO가 하루아침에 부실 자산이 되면서 투자자들은 황급히 투자금을 회수하기 시작했고, 시장 하락이 가속화되었다. CDO가 무너지며 이를 매개로 한 CDS 등 다른 상품의 손실도 급격히 확대되었다.

2009년 투자은행 베어스턴스Bear Stearns와 리먼브라더스Lehman Brothers가 파산 신청을 하고 AIG까지 파산 위기에 처하자, 결국 미국 정부는 구제금융 지원을 결정했다. 그러나 뒤늦은 구제책은 금융시장 붕괴를 막는 데 실패하고, 미국의 실물경제 역시 큰 타격을 입었다. 2009년 10월 미국의 실업률은 10%까지 상승했다.

2008년 금융위기는 대공황 이후 미국 경제 최악의 참사로 불린다. 문제의 발단이 된 서브프라임 채권은 금융시장의 극히 일부일 뿐이지만, 세계 금융시장에 미친 파급력은 상상을 초월했다.

이유는 금융 시스템이 붕괴되었기 때문이다. 금융시장은 단순히 외부 악재에 무너지지 않는다. 태풍이나 해일 같은 자연재해는 단기적 상처를 입히지만 금방 복구된다. 코로나가 그 좋은 예다. 전 세계에서 수백만 명을 죽음에 이르게 한 공포의 바이러스지만, 금융시장의 회복은 빨랐다. 내부 시스템이 무너지지 않았기 때문이다.

코로나에 의한 경제 불황은 금융위기 때보다 짧고 약할 것이다. 코로나는 지진이나 해일 같은 자연재해일 뿐이다.
— PNC파이낸셜, 2021년 경제 전망

금융위기는 달랐다. 실물경제를 떠받치는 금융 시스템이 뿌리째 흔들렸다.

블랙스완,
우리는 무엇을 모르는지 모른다

시스템 붕괴는 기존 질서의 붕괴와 혼란을 의미한다. 그동안 믿었던 것들에 대한 신뢰가 무너지고, 궁극적으로는 내가 무엇을 모르고 있는지도 모르게 된다. 진정한 패닉의 시작이다.

파생상품 트레이더였던 나는 그 패닉의 정점에 서 있었다. 지금 생각해도 기가 막힌 상황들이 매일 벌어졌다. 일단 시뮬레이션 에러로 내 포지션position과 손익profit and loss을 알 수 없게 되었다.

포지션과 손익은 트레이딩의 출발점이다. 가령 내가 100만 원짜리 주식 1주를 매수했는데 이튿날 가격이 90만 원으로 떨어져서 10만 원 손실을 보았다고 하자. 더 이상 손실을 보기 싫다면? 주식을 90만 원에 매도한다. 손실 10만 원이 확정되고, 포지션은 청산되었다. 정상적인 상황이다.

당시 상황은 달랐다. 비유를 하자면 이렇다. 어제 분명히 1주를 매수했는데, 오늘 출근해보니 '2주 매수' 포지션이 떠 있다. 개장하자마자 주가는 90만 원, 80만 원으로 떨어진다. 내 손실도 20만 원, 40만 원으로 커져간다. 2주 매수가 맞나? 추가 손실을 막기 위해 2주를 80만 원에 매도한다. 그런데 갑자기 '1주 매도' 포지션이 뜬다. 아차 싶다. 2주 매도했는데 1주 매도라니. 원래 1주 매수가 맞았나? 그런데 또 손실은 50만 원이다. 어디서 튀어나온 숫자인지 아무리 봐도 알 수가 없다.

이런 상황이 벌어진 것은 시뮬레이션 에러 때문이다. 당시 우리가 투자했던 부채담보부증권CDO과 각종 파생상품을 구조화 structuring한 상품은 모두 새로운 기술이었기 때문에 우리가 가진 모델로는 정확한 가치 평가가 불가능했다. 할 수 없이 많은 종류의 변수를 대체 값으로 집어넣고 그 결과를 믿을 수밖에 없었다.

이런 방식은 시장 변동성이 작을 때 큰 문제를 일으키지 않았다. 하지만 시장 변동성이 확대된 뒤부터 시뮬레이션 모델이 정상적으로 작동하지 않았다. 시뮬레이션 모델에서 일중 변동성을 0~20% 범위로 설정했는데 당일 일중 변동성이 25%면? 출력 값이 모두 에러가 되는 것이다.

고단한 하루였다. 아침에 출근해서 새로고침(F9) 버튼을 누르면 엑셀 시트sheet가 N/A로 도배되었다. 시장 움직임을 모니터할 시간도 없었다. 퀀트Quant 애널리스트와 함께 시뮬레이션 모델을 붙잡고 씨름하다 보면 어느새 장 마감이 다가왔다. 오류를 겨우 발견해 수정하고 났을 때, 손실 규모는 이미 걷잡을 수 없이 커진 상태였다. 하루에 수백만 달러 손실이 일상이었다.

일단 전부 정리해! 다음 날 개장하면 똑같은 상황이 벌어질 것이다. 일단 대충 계산한 숫자를 믿고 물량 정리에 들어가야 했다. 주로 늦은 오후 장 마감 직전이나, 마감 후 장외거래에서 벌어진 일이다. 다른 은행들도 다 같은 처지였다. 모두가 뛰어나와 팔려고만 하고 사는 사람은 없었다. 경쟁자들은 먼저 물량을 잡기 위해 장외 OTC 브로커들을 오후 늦게까지 들들 볶아댔다. 호가는 점점 내려가고, 급락과 전저점 붕괴가 반복되었다.

가장 고역은 월 손실 보고였다. 한 달에 한 번씩 투자자들에게 전화를 걸어 손실 규모와 원인을 설명해야 했다. 손실 규모만으로도 입이 안 떨어지는데, 원인을 제대로 설명할 수도 없다니 더 기가 막혔다. 모두 다음 달이면 상황이 좋아질 것이라고 말은 했지만, 말하는 사람이나 듣는 사람이나 사실이 아님을 알고 있었다. 보고가 끝나고 눈물을 흘리는 동료들의 모습도 자주 보았다.

이 사태를 다룬 영화 중 〈빅쇼트Big Short〉를 추천한다. 이 영화에서 인용한 마크 트웨인Mark Twain의 말이다.

It ain't what you don't know that gets you into trouble.

It's what you know for sure that just ain't so.

곤경에 빠지는 것은 뭔가를 몰라서가 아니다.

뭔가를 확실하게 안다는 착각 때문이다.

조금 더 관심 있는 독자라면, 나심 니콜라스 탈레브Nassim Nicholas Taleb의 책《블랙스완Black Swan》도 추천한다. '블랙스완', 즉 검은 백조라는 말은 한 탐험가가 기존에 없었던 검은 백조를 발견한 것에서 유래했다. 백조는 다 하얀 줄 알았는데 검은 백조가 갑자기 나타난 것이다. 학계에서 전혀 예상할 수 없었던 일을 가리킬 때 쓰이는 용어인데, 금융위기 이후 다른 의미로 더 널리 알려지게 되었다. 세상에는 우리가 모른다는 사실조차 모르는 것들이 있다. 이를 '모르는 모르는 것Unknown unknown'이라 한다.

시스템 위기가 그런 것이다. 우리가 무엇을 모르는지조차 모르게 만든다.

음악은
멈출 때 멈춘다

홍콩 금융가는 금융위기에 무너졌다.

2008년 9월 리먼브라더스 파산 이후 매일같이 감원 소식이 들려왔다. 리먼브라더스, 베어스턴스, 뱅크오브아메리카 같은 대형 금융사들은 망하거나 인수·합병되었다. 그보다 작은 헤지펀드나 사모펀드 등은 홍콩 지점 철수를 발표했다. 그나마 버티고 있는 JP모건과 골드만삭스, 그리고 유럽계 은행 등은 파생상품 사업 부문을 축소 또는 제거하기 시작했다.

친구들이, 동료들이 해고를 당해 본국으로 짐을 싸서 돌아갔다. 홍콩 금융가에 홍콩 현지인은 극소수이고, 대부분은 외국에서 온 파견 직원이다. 어제는 메릴린치Merrill Lynch가, 오늘은 시타델Citadel이, 그다음 날은 UBS가 감원을 발표했다. 해고당한 친구를 위로하는 술자리와 공항 배웅은 일상이 되었다. 몇 달 후에는 이런 친구들이 너무 많아져서 일일이 작별 모임을 할 수도 없을 지경에 이르렀다. 급히 방을 뺀 친구들이 나눠주고 간 가구나 조명이 집안 구석구석을 채우기 시작했다.

금요일이면 발 디딜 틈 없었던 란콰이펑Lan Kwai Fong(홍콩의 이태원) 거리도 한산해졌다. 아파트에서 주말마다 이사 나가는 집을 볼 수 있었다. 이들이 떠나면서 집값이 떨어진다는 이야기도 들렸다. 월세도 당연히 내려갔다. 금융회사와 투자은행이 줄자, 이들의 오후 설탕 공급을 담당했던 크리스피크림도 장사가 안 돼 문을 닫았다.

시간이 흐를수록 내 무력감과 불안감은 커져만 갔다. 머나먼 미국에서 시작된 금융위기가 내 인생 전체를 뒤흔들고 있었다. 당시 해고는 주로 나 같은 주니어 직원에게 집중되었다. 이들 금융기관의 감원은 자발적인 것이 아니었다. 미국 정부의 구제금융을 받는 과정에서, 금융회사 직원의 과도한 보수와 도덕적 해이Moral Hazard 등의 문제가 지적되었다. 폭발한 여론과 주주들의 불만을 잠재우려면 숫자로 보이는 감원이 필요했다.

실적 회복에 대한 고려도 있었다. 금융위기로 미국 사업은 무너졌지만, 아시아 시장은 상대적으로 상처를 입지 않았다. 이 위기가 끝나면 실적을 바로 뽑아낼 수 있는 아시아 주력 사업은 건드리지 말아야 했다. 홍콩과 싱가포르에 근무하는 경험 많은 트레이더나 세일즈맨은 자르지 말고 남겨라, 주니어 위주로 잘라서 일단 명수만 채우면 된다. 당시 인사위원회에 다녀온 상사가 직접 들려준 이야기였다.

나도 언젠가 잘리겠구나. 그렇다고 달라지는 것은 없었다. 불안한 일상이었지만, 멈출 수 없었다. 할 수 있는 것도 없었다. 뉴욕에서 제이미 다이먼의 말을 들었을 때와 마찬가지다. 음악은 멈출 때 멈춘다Music stops when it stops.

태연한 척 일상을 계속해 나갔지만 정신적 고통은 심했다. 몇 달 후 아는 사람들이 반 넘게 홍콩을 떠나고 멘탈이 너덜너덜해져서 차라리 나도 자르라고 말하고 싶을 무렵, 나도 정말 잘려버렸다. 영화에 나오는 은행가들처럼 거리로 박스를 들고 나온 게 2009년 2월의 일이다.

CHAPTER 2

코로나는
실리콘밸리를
더 부자로 만들었다

2020년,
미국 주식 랠리를 돌아보며

12년 후 실리콘밸리에서 맞이한 코로나 위기는 달랐다. 코로나 바이러스는 미국 주식시장에 상처를 입히지 못했다. 아니, 오히려 반대였다. 코로나 바이러스를 통해 시장 참가자들은 안전 자산으로서 미국 주식, 특히 기술주의 가치에 눈을 뜨게 되었다.

코로나가 미국을 덮치기 전, 나스닥지수는 1만 선을 넘보고 있었다. 2020년 초 시장 전문가들은 경기 회복에 따른 금리 인상 가능성, 트럼프 정부의 감세, 그리고 중국-미국 간 무역 전쟁에 주목했다. 주가 하락 요인은 금리 인상이었다. 수년간 이어진 주가 상승, 낮은 실업률, 높은 경제성장률이 인플레이션 위험을 키우고 있기 때문에 미 연준FRB이 곧 제로금리 시대를 끝낼 것이라 예상하는 사람들이 있었다. 반면 주가 상승을 점치는 사람들은 11월 대통령 선거에 주목했다. 트럼프 대통령이 대선을 위해 대규모 감세와 경기 부양책을 내놓을 것이라는 분석이었다. 금리 인상과 대선, 이 둘의 힘 대결이 관전 포인트였다.

그리고 2020년 2월, 코로나 바이러스가 미국을 덮쳤다. 시장은 두려움에 떨었다. 2월 12일과 3월 23일 사이 다우존스지수는 37% 폭락했다. 3월 16일에는 하루 동안 3000포인트가 떨어졌다. 장중에 여러 차례 매매가 중지되었다. 봉쇄령과 여행 제한으로 항공주들이 폭락했다. 연초 86달러였던 유나이티드에어라인(NASDAQ: UAL)은 3월에 24달러까지 하락했다. 실업률은 가파르게 상승했다. 3~4월 중 미국 전역에서 2200만 개의 일자리가 사라졌다. 연준의 파월 의장은 코로나 위기가 "제2차 세계대전 후 전례 없는 경기 침체를 불러올 수 있다"라고 경고했다.

또 다른 서프라이즈가 찾아왔다. 유례없이 빠른 주가 반등이었다. 확진자 수가 가파른 증가세를 보이고 봉쇄령이 미국 전역으로 확대되는 등 코로나 상황은 전혀 좋아지지 않았는데도 주가는 쉼 없이 상승했다. 8월 중순 S&P500지수가 코로나 급락 폭을 완전히 회복하며 전고점을 갱신했고, 11월 24일 다우존스지수가 3만을 돌파했다. 트럼프 대통령은 "3만은 성스러운 숫자It's a sacred number, 30,000"라며 자축했다.

반등 초창기에 주가 상승을 이끈 것은 대형 기술주였다. 대표적인 코로나 수혜주라고 불리는 아마존과 넷플릭스는 2020년 한 해 각각 64%, 70%가 올랐다. 하반기에는 테슬라가 주목을 받았다. 테슬라 주식은 700% 상승했다. 주가가 1년 만에 여덟 배가 된 것이다. 창업자 일론 머스크Elon Musk조차 주가가 너무 올랐다고 불평할 정도였다.

높은 투자수익률 덕분에 미국 주식시장으로 많은 사람들이 몰렸다. 코로나 봉쇄령으로 집안에서 보내는 시간이 길어진 것도 온라인 주식 투자 붐에 일조했다. 온라인 증권사 피델리티Fidelity와 찰스슈왑Charles Schwab도 성장했지만, 진정한 승자는 로빈후드Robinhood였다. 기술주 랠리에 이끌려 수많은 젊은이가 로빈후드 앱으로 몰렸다. 2017년 200만 명이던 로빈후드 유저 수는 2020년 1300만 명으로 증가하여 여섯 배 이상이 되었다.

2020년 12월 31일, 미국 주식시장은 연중 고점을 기록하며 한 해를 마무리했다. 다우존스지수와 S&P500지수는 각각 7.3%, 16.3% 상승했다. 나스닥지수는 무려 43.6% 상승해 2009년 이후 가장 높은 연간 수익률을 기록했다.

왜 미국 주식은 이렇게 빨리 올랐나? 이유는 세 가지다.

첫째, 주가와 경제는 별개다.

둘째, 미 연준과 정부의 신속한 대규모 경제 지원책이 뒤따랐다.

셋째, 은행과 가계의 재무 상태가 양호하고, 시스템 리스크가 없었다.

주가와 경제는
별개다

일단 주가와 경제는 별개다. 기본 전제다.

2020년 미국 주식 랠리가 사람들을 놀라게 한 이유는 실물 경제와 주가의 움직임이 전혀 달랐기 때문이다.

실물경제 지표인 실업률이나 일자리 수 감소에서 코로나는 12년 전 금융위기를 압도한다. 금융위기 당시 미국의 최고 실업률은 2009년 10월의 10%였는데, 2020년 2월 이미 4월 실업률은 14%가 넘을 것이라는 전망이 나왔다. 일자리 수 감소도 심각했다. 금융위기가 정점에 이른 2009년 3월, 80만 개의 일자리가 사라졌다. 2020년에는 2월 한 달 동안 무려 2000만 명이 직업을 잃었다.

그런데도 주가는 2020년 3월 이후로 오르기만 했다. 왜 주가는 경제와 반대로 가는가?

경제와 동떨어진 주가의 움직임에 대해, 2008년 노벨 경제
학상을 수상한 폴 크루그먼Paul Krugman은 "주가는 경제가 아니다The
stock market is not the economy"라고 말한다.

> 여러분이 주식과 경제를 생각할 때 명심해야 할 세 가지 원칙
> 이 있다. 첫째, 주가는 경제가 아니다. 둘째, 주가는 경제가 아
> 니다. 셋째, 주가는 경제가 아니다.
> ─〈뉴욕타임스〉 칼럼, 2020년 4월

시장 심리도 하나의 설명이 될 수 있다. 금융위기나 코로나
팬데믹 같은 시장 급락 시기에 주가는 실물경제보다 시장 참가자
들의 심리에 좌우되기 때문에, 주가지수와 경제지표가 같이 움직
이지 않는다는 설명이다.

폴 크루그먼은 주가와 경제가 별개로 움직이는 더 중요한 이
유를 다른 곳에서 찾는다. 바로 유동성과 저금리다. "시중에 풀린
돈이 주식시장 말고는 갈 데가 없다."

일반적으로 주가가 급락할 때 채권은 주식을 대체하는 안전
투자 수단으로 여겨진다. 주가가 급락하면 채권으로 자금이 이동
한다. 그런데 이 공식이 더 이상 먹히지 않는다. 오랫동안 유지된
저금리 정책으로 2020년 말 기준 10년 국채 수익률은 고작 0.6%
다. 금리가 이렇게 낮다 보니, 주식이 아무리 빠져도 투자자들이

채권에 투자할 생각을 안 한다.

폴 크루그먼은 주가가 경제와 별개라는 데서 한 걸음 더 나아가, 오히려 경제가 안 좋아질수록 주가가 오를 수도 있다고 주장한다. 경기 침체기에 금리가 더 낮아지는 경향 때문이다. 연준이 경기 부양을 위해 제로금리를 유지하면, 시장금리는 더욱 낮아진다. 차입이 쉬워지면서 시중에 더욱 많은 자금이 풀리고, 이 자금은 주식에 투자된다. 경기 침체기에는 기업도 신규 투자보다 자사주 매입에 적극적이라서 주가는 더 올라갈 수밖에 없다. 그래서 경제와 주식은 최소한 관련이 없거나, 심지어 반대로 움직일 수도 있다!

미국 정부의
재빠른 코로나 대응

미국 정부의 코로나 대응은 금융위기 때보다 빠르고 강력했다.

일단 2020년 코로나 지원금의 규모가 금융위기 지원금의 최소 두 배였다. 〈포브스〉에 따르면, 코로나 사태가 터지자마자 두 달(3~4월) 동안 미국 의회가 승인한 코로나 지원 규모는 3조 달러에 달했다. 금융위기 당시 미국 정부가 집행한 위기 지원금은 2년간 총 1조 5000억 달러 수준이었다. 부시 행정부가 2008년 7000억 달러, 오바마 행정부가 2009년 8000억 달러를 지원했다. 이 둘을 합쳐도 코로나 지원금의 절반밖에 되지 않는다.

코로나 지원금은 타이밍에서도 금융위기 때를 압도한다. 금융위기 당시 연준과 미국 정부의 미진한 초기 대응이 사태를 크게 확산시켰다는 평가에는 이견이 없다. 연준은 부동산 대출 부실 등 사태의 전조를 2006~2007년부터 감지해왔음에도 불구하고 적극적 대응에 나서지 않았다. 2007년 3월 뉴센트리파이낸셜New Century Financial 환매 중단 사태가 터지며 글로벌 신용 경색이 본격적으로 시작되었지만, 연준이 첫 번째 금리 인하에 나선 것은 그로부터 6개월이나 지난 2007년 9월이었다. 유동성 프로그램, 구제금융, 경기 부양책 등의 추가적 조치는 2008년 말 베어스턴스 매각 사태 등 실물경제 붕괴가 가시화된 뒤에야 이뤄졌다.

코로나 사태 때는 달랐다. 우선 연준이 발빠르게 금리를 인하했다. 파월 의장이 2월 말 긴급 성명을 내고 일주일이 지난 3월 3일, 연준은 금리 0.5%포인트 인하를 전격 발표했다. 2008년 금융위기 이후 단행된 가장 큰 폭의 금리 인하였다. 2주 후인 3월 정례 회의에서 연준은 1%포인트 추가 인하를 단행하여 미 정책금리는 0~0.25% 수준으로 떨어졌다. 경기 부양책도 신속하게 발표되었다. 3월 초 트럼프 대통령은 80억 달러 규모의 1차 재정 지원책에 서명했고, 3월 13일에는 미국 연방재난관리청FEMA 보유 기금 500억 달러 지원을 골자로 하는 국가비상사태가 선포되었다.

금융위기 당시 미 정부 정책은 최고 4개월의 시차를 두고 이뤄졌지만 코로나 대응 정책은 4주 만에 신속히 이뤄짐.
— 코트라 보고서, 2020년 3월

코로나 지원책은 금융위기 때

보다 더 큰 규모로 더 빠르게 실행되었다. 시장 심리가 안정되며 투자자들은 주식시장으로 돌아오기 시작했다.

트럼프 대통령은 재선을 위해 주가를 올려야 한다

미국 정부가 신속히 대응한 이유 중 하나는 8개월 앞으로 다가온 대선이었다. 트럼프 대통령이 누구인가. 자칭 경제 대통령이요, 주식시장에 목숨을 거는 사람이었다. 코로나보다, 흑인의 생명 black lives 보다 주가가 먼저였다.

트럼프 대통령은 매일 코로나 브리핑에서도 주식 이야기를 빼놓지 않았다. 코로나 바이러스에 대한 언급보다 더 자주 하지 않았나 싶을 정도다. 마지못해 코로나 확산을 인정한 2월에는 "주식시장에 매수 기회가 있다"라며 "환자가 늘고는 있지만 여러분의 주식이 오른다면 좋은 일"이라고 홍보했다. 이런 모습에 사람들이 실망하고 결국 재선에는 실패했지만, 어쨌든 주가는 계속 올랐다.

일설에 따르면 본인이 코로나에 감염된 10월에도 주식시장

영향을 우려해 장 마감 이후 감염 사실을 언론에 공개하고 병원으로 향했다고 한다. 그런 그가 코로나에 의한 주가 급락을 가만히 두고 볼 리가 없었다. 게다가 대선이 8개월 앞으로 다가와 있었다. 트럼프 대통령이 스스로 자신의 최대 업적으로 여기는 '주가 상승'을 지키기 위해 모든 수단을 동원할 것이라는 점은 자명했다.

코로나는 외부 악재,
시스템 리스크가 없다

위기의 전파력, 금융시장 붕괴 가능성을 가늠할 수 있는 척도 중 하나는 시스템 리스크system risk다. 금융위기 때처럼 시스템이 무너지면 모든 것이 무너진다. 우량 자산이라 믿었던 주택담보대출은 사실 허점투성이였다. 신용평가사들의 등급도 엉터리였다. 누구를 믿어야 하는가? 어떤 숫자를 믿을 수 있나? 금융 선진국이라, 안전 자산이라 믿었던 미국 금융시장이 모래 위에 지어진 성이었다는 데 시장은 패닉에 빠졌다.

반면 2020년 금융시장에는 이 같은 시스템 리스크가 없었다. 일단 가계와 기업의 재정은 튼튼했다. 금융위기 때 GDP의 134%에 달했던 미국의 가계 부채 비율은 역대 최저치에 가까운 GDP의 96%까지 떨어져 있었다. 기업 부채의 질을 판단하는 척도인 부채 중 투자 적격 비율은 65%에서 72%로 높아져 있었다.

코로나 공포가 극에 달한 2020년 3월에도 몇몇 금융기관은 가계와 기업의 재정 건전성을 근거로 빠른 경기 회복을 예상했다. 대표적으로 골드만삭스는 "코로나 사태의 전파력은 금융위기보다 낮을 것이다. 이유는 금융위기 때와는 달리 시스템 리스크가 존재하지 않기 때문"이라고 주장했다. 골드만삭스가 당시 전망한 미국 GDP 성장률은 0.4%다. 매우 낮은 수치지만, 금융위기 때처럼 마이너스 성장을 예상하지는 않았다.

2008년 위기의 근원이었던 금융 시스템이, 2020년에는 실물 경제를 튼튼히 떠받치고 있었다.

감원?
업무 시간이 오히려 늘었다

피부로 느껴지는 분위기도 12년 전 금융위기 때와 전혀 달랐다. 코로나에 따른 여행 감소로 직격탄을 맞은 에어비앤비Airbnb와 우버Uber를 예외로 하면, 감원은 먼 이야기였다. 대량 해고 소식이 매일같이 들리던 홍콩 금융가와는 분위기가 사뭇 달랐다.

　　감원은커녕 재택근무로 업무 시간이 늘어난 것이 오히려 문제였다. 출근과 퇴근의 경계가 모호해지면서 전체적인 업무 시간이 늘었다. 얼굴을 맞대고 이야기하면 5분 만에 처리될 일을 일일이 전화와 미팅으로 해결해야 했다. 직원이 눈앞에 보이지 않으니 회사는 업무 시간과 성과를 모니터링하기 위해 더 많은 미팅을 요구했다. 개인 업무 시간에 미팅 시간이 추가되면서 업무 시간이 더 늘었다.

시간이 지나며 회사나 직원이나 재택근무에 적응했다. 좋은 점도 많았다. 직원은 출퇴근 교통 체증에서 해방되었고, 식사와 수면 시간을 자유롭게 조절하면서 업무 생산성이 향상되었다. 처음에는 재택근무가 비생산적이라며 의심하던 회사도 변하기 시작했다. 업무 시간과 성과를 모니터링하는 시스템을 구축하고, 직원 간 소통을 위해 정기적인 일대일 미팅과 해피아워happy hour를 세팅했다. 평소 점심을 제공하던 회사는 집에서 식사를 해결해야 하는 직원을 위해 식사 보조금을 지급했다. 할로윈도, 연말 파티도 랜선에서 열었다.

재택근무가 자리 잡으면서 아예 사무실을 정리하는 회사도 늘었다. 실리콘밸리의 살인적인 임대료를 아끼기 위함이다. 오피스 가구가 중고 시장으로 쏟아져 나오고 리모델링 사업이 호황을 누렸다. 집에서 보내는 시간이 길어지면서 사람들이 집을 고치기 시작했다. 평소 눈에 띄지 않던 단점이 보이기도 하고, 무엇보다 홈 오피스home office가 필요한 사람들이 많아졌기 때문이다. 홈디포 Home Depot(건축자재 및 인테리어 도구 판매 체인)와 웨이페어Wayfair(온라인 가구 판매)의 주가는 2020년 한 해 동안 각각 20%, 137% 상승했다.

감원 한파가 몰아치던 12년 전 홍콩 금융가에서는 상상도 할 수 없었던 모습들이다. 미국 전역에서 일자리 수천만 개가 사라지고 있었지만, 실리콘밸리는 딴 세상 같았다.

실리콘밸리는
더욱 부자가 되었다

실리콘밸리는 코로나 위기의 상처를 입지 않았다. 아니, 코로나는 실리콘밸리의 회사와 직원을 모두 부자로 만들었다. 그 이유는 크게 두 가지다.

첫째, 대형 기술주 랠리 덕분이다. 2020년 한 해 코로나 수혜주로 불리는 아마존과 넷플릭스 주가는 약 70%, 구글과 페이스북 주가는 30% 상승했다. 테슬라 주식은 여덟 배가 되었다. 당연히 회사뿐 아니라 이 회사를 다니는 직원의 자산도 그만큼 늘었다.

회사의 주가 상승이 직원의 부로 이어지는 연결 고리는 바로 이들 회사의 주식 보상 제도, 곧 RSURestricted Stock Unit다. RSU는 스톡옵션 같은 행사 권리가 아니라, 주식을 바로 주는 제도다. 예를 들어 구글 엔지니어의 연봉 15만 달러는 현금 10만 달러와 5만 달러

어치 RSU(구글 주식)를 합친 금액이다.

그래서 실리콘밸리의 대형 IT 회사 직원은 따로 투자하지 않아도 자사주를 꽤 많이 가지고 있다. 이렇게 받은 주식은 현금과 다를 바 없다. 바로 팔아서 현금화할 수도 있고, 투자라 생각하고 보유할 수도 있다. 실리콘밸리에 있는 은행은 RSU를 담보로 대출도 해준다.

2017년 구글에 입사한 친구가 연봉 계약 때 들은 말이다. "현금 연봉은 생활비로 하고, RSU(구글 주식)는 자산으로 키워라."

이렇게 3년간 차곡차곡 모아놓은 구글 주식은 당연히 든든한 자산이 되었다. 3년 전 800달러대였던 구글 주가는 2021년 5월 현재 2000달러가 넘는다. 오래 근무한 직원일수록 받은 주식 수가 많고 더 낮은 단가로 받았다. 테슬라를 10년 다닌 시니어 엔지니어가 가진 RSU의 현재 가치는 얼마일까? 생각만 해도 짜릿하다.

둘째, 테크 IPO 상장 랠리도 실리콘밸리 부의 창출에 일조했다. 2020년 주식시장을 이야기할 때 테크 기업들의 상장을 빼놓을 수 없다. 코로나 회복세와 함께 저금리, 유동성, 기술주 투자 열기를 타고 테크 IPO 시장도 큰 폭으로 성장했다. 2020년 미국 IPO 시장에 몰린 자금은 2019년의 2.5배다. 개별 상장 규모도 컸다. 스노우플레이크Snowflake(5위), 에어비앤비Airbnb(6위), 도어대시DoorDash(7위) 모두 조달액 기준으로 역대 미국 테크기업 톱 10에 이름을 올렸다.

특히 시장 참가자들을 흥분시킨 것은 2020년 12월 에어비앤비와 도어대시의 상장 대박이다. 미국판 배달의민족 도어대시가 상장을 준비할 때만 해도 목표가는 75~85달러 수준이었는데, 최종 공모가는 102달러로 책정되었다. 상장 당일 개장하자마자 도어대시 주가는 182달러로 뛰었고, 비슷한 수준에 마감했다.

바로 다음 날 에어비앤비가 상장했다. 역시 공모가 68달러의 두 배가 넘는 146달러로 거래를 시작해 144달러에 마감했다. 시초가를 기준으로 한 에어비앤비의 시가총액(1016억 달러)은 세계 최대 여행사인 익스피디아Expedia와 글로벌 호텔 체인 메리어트인터내셔널Marriott International을 합친 금액보다 커졌다.

상장 대박을 기다리는
스타트업 직원들

이 같은 스타트업 대박 상장의 승자는 초기에 스타트업에 합류한 얼리 임플로이early employee이다. 구글 같은 대형 IT 회사가 RSU를 이용한다면, 비상장 스타트업은 부족한 자금으로 인재를 유치하기 위해 스톡옵션을 활용한다. 상장 회사가 아니기 때문에 행사가는 가장 최근 밸류에이션을 기준으로 한다. 보통 바로 행사 권리를 주지는 않고 4년에 걸쳐 나눠서 베스팅vesting하는데, 베스팅 기간이 끝나면 옵션을 행사해 주식을 매수할 수 있다.

스톡옵션을 받은 직원의 꿈은 상장 대박이다. 한번 터지기만 하면 대형 IT 회사에 가는 것보다 훨씬 큰 수익을 볼 수 있다. 능력 있는 인재가 구글이 아닌 작은 스타트업을 선택하는 이유이기도 하다.

대박의 가능성은 낮지 않다. 2021년 1월 상장 스타트를 끊은 어펌Affirm(NASDAQ: AFRM)과 포시마크Poshmark(NASDAQ: POSH) 모두 상장과 동시에 기업 가치가 두 배 이상으로 뛰었다. 이들 회사의 창업 초창기에 합류한 직원의 수익은? 역시 매우 짜릿한 수준일 것이다.

현지 부동산 관계자의 말이다. "2020년 코로나 사태로 샌프란시스코 도심의 월세(렌트) 가격은 20%가량 떨어졌지만, 정작 주택 가격은 오르고 있다. 상장으로 대박 난 사람이 집을 사고 있기 때문이다."

코로나 급락,
나의 QQQ 투자 일기

2020년 3월 코로나 급락 당시 내가 했던 투자 사례를 간략히 소개한다. 내가 선택한 종목은 QQQ다.

Step 1 │ 종목 정하기

QQQ는 인베스코 Invesco가 발행한 나스닥지수 추종 상장지수펀드 ETF다. QQQ를 사고팔면 나스닥지수를 사고파는 것과 거의 같은 효과가 있다. 보유 종목은 대부분 대형 기술주다. 애플, 마이크로소프트, 아마존, 구글, 테슬라, 페이스북이 약 절반을 차지한다. 지난 10년간 상승률은 500%, 2020년 한 해에만 40% 상승했다. 운용 보수도 0.2%로 합리적 수준이다. 한국 투자자에게도 인기가 있는지, 2020년 미국 주식 상위 종목 7위에 랭크되었다.

　나스닥지수를 그대로 추종하는 QQQ 이외에도 세 배 레버리지 베팅이 가능한 TQQQ, 나스닥 상승이 아닌 하락에 연동된 SQQQ가 있다. TQQQ는 세 배 레버리지 투자다. 100만 원으로 300만 원을 투자한 것 같은 효과를 낸다. 수익이 세 배지만 손실도 세 배라는 점을 명심해야 한다. SQQQ는 숏 베팅이다. 나스닥 하락 지수에 1배수로 베팅한다.

QQQ 시리즈의 인기에 힘입어 인베스코는 2020년 12월 새로운 QQQ 시리즈를 출시하기도 했다. 장기 보유 투자자에 맞게 수수료를 낮춘 QQQM과, QQQ에 포함되지 않은 중소형 유망 기술주를 포함하는 QQQJ로 라인업을 갖췄다. 어떤 기업을 편입할 것인지가 관건인데, 시장에 새로 등장한 유망 스타트업에 골고루 투자하고 싶은 투자자라면 고려해볼 만하다.

Step 2 | 목표 매수·매도 단가 정하기

'코로나는 금융위기보다 약하다'라는 점을 전제로 나스닥지수의 바닥을 예상해보았다. 금융위기 때 나스닥 조정 폭은 40%였다. 코로나는 금융위기보다 약하므로, 코로나 이전 수준 대비 30% 하락이면 충분하다고 보았다. 코로나 전 고점이 1만이었으니, 30% 하락하면 7000이다.

이보다 약간 위인 7100을 목표 매수가로 잡았다. 목표 매도가는 8400으로 정했다. 7100에 사서 8400에 팔면, 수익률은 약 20%다. QQQ 가격 기준으로 나스닥지수 7100은 약 172달러, 8400은 200달러이다.

무릎에 사서 어깨에 팔아라

금융시장에서 쓰는 표현 중 '무릎에 사서 어깨에 판다'라는 말이 있다. 투자자는 당연히 최저점에 사서 최고점에 팔기를 원한다. 하지만 이것은 전문 투자자에게도 매우 어려운 일이다. 낮은 가격에 사고 싶어서, 높은 가격에 팔고 싶어서 기다리다가 결국 타이밍을 놓치기 때문이다. 그래서 발바닥이나 머리끝에 닿으려 하지 말고, 적당히 낮은 가격에 사서 적당히 높은 가격에 팔도록 노력해야 한다는 뜻이다.

그러나 이 격언을 좀 더 파고들면 '과연 어디가 무릎이고 어깨인가'라는 질문을 할 수 있다. 발바닥과 머리끝이 어디인지 모른다면 무릎과 어깨를 정할 수 없기 때문이다. 일단 얼마에 사고 싶은지, 얼마에 팔고 싶은지 목표 단가를 정해야 결정이 쉬워진다. 모든 종목이 마찬가지다. 어디까지 내려갈지, 어디까지 올라갈지 목표 범위를 정한 다음 매수가는 저점보다 약간 높게, 매도가는 고점보다 약간 낮게 잡는다.

Step 3 | 손절 계획하기

손절stop loss, loss cut이란 말 그대로 손해를 잘라버리는 것이다. 주식을 매수했는데 주가가 하락할 경우 손해를 감수하고 주식을 매도하는 것이나, 주식을 매도했는데 주가가 상승하는 것 모두 손절에 해당한다.

손절의 중요성은 아무리 강조해도 지나치지 않다. 훌륭한 투자자라도 실패할 때가 있다. 손절의 원칙에 충실한 투자자만이 다음 기회를 잡을 수 있다. 신입 트레이더가 가장 먼저 배우는 것이 정확하고 주저 없는 손절이다. 회복을 기대하며 고의적으로 손절하지 않았을 경우 해고 사유가 될 수도 있다. 감정을 개입시켜 투자자의 손실을 방치한 책임이다.

손절 기준을 정하는 방법은 여러 가지다. 기본적으로 해당 투자에서 발생하는 손실이 투자금 총액의 몇 %를 초과하나로 정한다. 최대 손실을 금액으로 생각해보는 것도 도움이 된다. 손절을 5%로 설정했다고 가정하자. 10만 달러의 5%는 5000달러다. 1만 달러에 대해서는 500달러다. 10만 달러를 투자했다면, 실패해서 5000달러의 손실을 입어도 괜찮은지 생각해보아야 한다. 단기에 자금 사용 계획이 있다면 투자금을 줄여야 한다.

내가 설정한 손절 기준은 투자금의 5%였다. 매입 단가에서 5% 이상 하락하면 QQQ를 매도한다. 나스닥지수로 약 6600, QQQ로는 162달러다.

이렇게 목표 매수, 매도, 손절 가격이 정해졌다.

⇒ QQQ — 매수 172달러, 매도 200달러, 손절 162달러

Step 4 │ 분할 매수

분할 매수는 투자의 기본이다. 투자 전략을 100% 확신한다 해도 한 번에 다 사면 안 된다. 아무리 확신이 크다고 해도 내 판단은 주관적이다. 시장 상황을 살피면서 조심스럽게 베팅해야 한다. 분할 매수는 멘탈 관리에도 좋다. 욕심을 부리고 한 번에 클릭을 하기보다는 위험을 피하면서 조금씩 포지션을 쌓아야 한다.

나는 일주일 정도의 기간을 두고 3회에 걸쳐 매수했다.

- 3월 13일: 단가 174.90달러 1143주

- 3월 16일: 단가 170.00달러 588주

- 3월 20일: 단가 170.72달러 584주

⇒ 총 2315주 매입, 평균 단가 172.60달러

목표 매수가 172달러에 가깝게 모두 체결되었다. 즉시 2315주에 대한 손절 주문을 162달러에 걸어두었다.

매수는 지정가로, 손절은 시장가로

한국 주식시장과 마찬가지로 미국 주식시장에서도 시장가 주문 market order과 지정가 주문limit order이 가능하다. 매수는 지정가로, 손절은 시장가로 하는 방식을 추천한다.

매수를 지정가로 하는 이유는 목표 매입 단가를 지키기 위해서다. 한국 시장과 달리 미국 시장은 24시간 거래되므로, 지정가 주문 유효 기간을 시장이 열린 동안 혹은 24시간으로 설정할 수 있다. 나는 유동성 없는 깜깜이 장이 싫어서 지정가 주문의 시간제한을 당일 장 마감on close으로 제한하고, 체결되지 않았으면 다음 날 아침에 다시 주문을 넣는다.

손절 주문 역시 시장가stop order와 지정가stop limit order로 할 수 있다. 162달러에 시장가 손절 주문이 걸렸을 경우, 주가가 162달러까지 하락하면 시장가격으로 매도에 들어가는 것이다. 반드시 162달러에 체결된다는 보장이 없다. 더 낮은 가격에 체결될 수도 있다. 좋은 점이라면 설사 더 낮은 가격이라도 모든 물량이 청산된다는 점이다. 반면 지정가 손절 주문의 경우, 162달러 이하로 하락하면 매도하지 않는다. 내 선택은 시장가다. 일단 손절 상황이 오면 물량 청산을 우선순위에 놓아야 한다. 거래량이 많은 종목을 선택하면 가격 손실도 별로 없다.

분할 매수 과정은 쉽지 않았다. 첫날 나름대로 야심 차게 저 밑에 걸어놓았다고 생각했던 매수 주문이 시장 급락과 함께 순식간에 체결되는 것을 보고 불안감은 커져갔다. 오르면 사고 싶고, 내리면 팔고 싶은 것이 사람 마음이다. 무너지는 시장 아래서 매수 주문을 줄줄이 대고 있자니 불안하기 짝이 없었다. 절벽 아래서 입을 벌린 채 떨어지는 바위를 쳐다보고 있는 기분이랄까. 그냥 모두 취소해버릴까 수없이 생각했다.

매일 시장이 갭 다운gap down(전일 종가 대비 낮은 가격에 개장)하면서, 이미 체결된 주문에서는 평가 손실이 커지고 있었다. 그래도 계획대로 밀고 나갔다. 포지션은 점점 커지고, 시장은 계속 하락했다. 그렇게 일주일이 지나 3월 20일 금요일, 모든 주문이 체결되었다.

바로 다음 거래일인 2020년 3월 23일은 종가 기준으로 나스닥 지수가 연중 저점을 기록한 날이다. 그날 나스닥 종가는 6860이지만, 장중에는 6630까지 떨어졌다. QQQ도 따라서 164달러까지 내려갔다. 내 손실은 5%에 가까워지고, 162달러에 걸어둔 손절까지 불과 2달러밖에 남지 않았다.

다행히 그날 내 손절 주문은 체결되지 않았다. QQQ는 164달러로 당일 저점을 찍은 후 막판 반등에 성공해 170달러 위에서 마감했다. 종가가 오른 덕에, 평균 매입 단가 172.60달러인 내 평가 손실도 많이 줄어들었다. 어두운 터널을 지나온 기분이었다. 무엇보다 가장 기뻤던 것은 나스닥지수 6700 지지선이 확인된 점이다. 저가 매수에 나선 장기 투자든 숏돌이들의 손절이든 바닥을 확인했으니 내일부터는 섣불리 밀어내지 못할 것이다. 그날 간만에 푹 잤다.

　　이래서 매수 단가가 중요하다. 내가 172달러가 아닌 174달러에만 샀다면, 그래서 5% 손절 주문이 162달러가 아니라 165달러에 걸려 있었다면, 3월 23일 내 포지션은 손절을 당해버렸을 것이다. 추격 매수는 하지 말아야 한다는 점을 다시 한 번 생각했다. 1~2달러의 매수 단가 차이가 작은 것 같아도, 손절을 고려하면 이야기가 달라진다.

Step 5 | 기다리기

이제 남은 일은 가격이 오르기를 기다리는 것뿐이다. 언뜻 쉬워 보이지만 기다리는 일은 생각보다 어렵다.

　　전설의 개인투자가 제시 리버모어Jessy Livermore는 "손실은 짧게, 차익은 길게" 가져가라 했다. 그는 조급하게 차익 실현에 나서는 일은, 언젠가 오를 것이라는 희망으로 손절하지 않는 일만큼이나 멍청하다고 했다.

　　많은 아마추어 투자자는 반대로 행동한다. 손절은 차일피일 미루면서 손실을 키워가고, 차익 실현은 너무 빨리 나선다. 실패를 인

정하기는 어렵고 성공을 자랑하기는 쉽다. 포지션을 끌고 가는 것 자체가 고통이라 벗어나고 싶은 마음도 커진다.

차익 실현을 천천히 하려면 노력이 필요하다. 주식시장에서 눈을 떼는 것도 하나의 방법이다. 계속 쳐다보고 있으면 팔고 싶은 욕구를 참기 힘들기 때문이다. 트레이더는 조급한 차익 실현을 피하기 위해 일부러 산책을 나가거나 점심 약속을 잡아 데스크를 떠나 있기도 한다.

매수 주문 체결 후 3주가 지나 나스닥지수는 8700 선을 돌파했다. 나는 계획대로 QQQ를 매도했다.

일희일비하지 말자,
건강한 조정은 추가 상승을 위해 반드시 필요하다

시장은 오르다 내려가고, 내리다 올라간다. 단기적 하락에 불안해할 필요는 없다. 아니, 단기 조정은 장기적 상승에 반드시 필요하다. 시장이 연속해서 상승한다는 이야기는 매수 포지션이 쌓여간다는 의미다. 시장이 과열되면 추격 매수세까지 들어오며 상승 폭은 더욱 커진다.

　이 같은 시장은 위험하다. 조금만 주가가 떨어져도, 매수 단가가 나쁜 매수자가 포지션을 털기 시작하며 시장이 와르르 무너진다. 차라리 중간중간 차익 실현이 나와주는 게 낫다. 시장 포지션이 가벼워져 더 높이 오를 수 있다. 마이너스(-) 숫자에 겁먹지 말고 기다리자. 2보 전진을 위한 1보 후퇴일 뿐이다. 건강한 조정은 추가 상승에 필수적이다.

CHAPTER 3

기술주 랠리는
계속된다

미국 랠리는
계속된다

2021년 초, 많은 투자은행은 미국 증시의 추가 상승을 예상했다. 코로나 회복과 경제성장 때문만은 아니다. 낮은 금리가 높은 주식 밸류에이션을 정당화하는 '뉴노멀new normal'이 기본 전제다.

　현재 미국 주식의 밸류에이션이 과거에 비해 높다는 데는 이견이 없다. 미 증시는 11년 연속 상승했다. 그 결과 2021년 초 미국 3대 주가지수의 주가 대비 수익률PER은 10년래 최고치를 기록했다. 그럼에도 불구하고 전문가들은 현재 주가 수준이 합리적이며, 상승 여력도 남아 있다고 말한다. 저금리 때문이다.

　낮은 이자율은 두 가지 측면에서 높은 주가를 합리화한다.

　첫째, 기업의 현재 가치(현가)를 높인다. 기업의 주가를 단순히 설명하면, 미래 기업 실적을 현재 가치로 환산한 값이다. 이자율이 높으면 현재 가치가 낮아지고, 이자율이 낮으면 현재 가치가 높아진다. 같은 매출과 이익을 내는 기업의 주가는 금리가 5%였던 과거보다 금리가 0%대인 지금 더 높아야 한다.

둘째, 채권 대비 주식의 투자 매력도를 높인다. 채권금리가 낮기 때문에 투자금이 주식시장으로 몰린다. 미국 주식 밸류에이션이 높아졌다고 하지만, 여전히 주식 수익률은 채권에 비교할 바가 아니다. S&P500 기업의 현금흐름 수익률은 미국채 수익률의 열 배다. 코로나 재건 자금과 개인 투자금이 채권시장이 아닌 주식시장으로만 몰리는 이유다.

2021년 초 시장 참가자들은 미국 연준의 금리 인상이 2024년이나 되어야 가능할 것이라 전망했다. 2020년 말 연방공개시장위원회FOMC 위원들은 2024년 이전에 금리 인상이 없을 것이라는 공감대를 확인시켜주었다. 매달 최소 1200억 달러의 채권 매입을 계속할 계획도 밝혔다. "인플레이션이 있더라도 급격하지만 않다면, 금리 인상은 없다." 이렇게 풀린 돈이 갈 곳은 금리가 0.6%인 채권이 아니라 주식시장이었다.

미국 경제의 코로나 회복세는 2021년 이전에 확인되었다. 정부의 지속적인 코로나 지원 덕에 개인 소비는 2020년 말 이미 코로나 이전 수준을 회복했다. 소비 대상이 코로나 이전의 여행과 레저에서 주택과 전자상거래로 이동했을 뿐이다. 주가지수가 오르며 개인 자산 가치도 코로나 이전보다 오히려 늘었다. 시장 전문가들은 2021년 하반기 백신 대량 접종과 함께 경제 회복에도 속도가 붙을 것으로 전망했다. 실제 백신 대량 접종이 시작된 것은 2021년 하반기가 아닌 상반기였다. 시장 전문가들의 예상보다도 미국 경제의 코로나 회복세는 더욱 강하고 빨랐다.

> 2020년 경제지표가 이미 코로나 사태의 영향이 제한적임을 증명했다. 소매 판매retail sale는 이미 코로나 이전 수준을 회복했다.
> — 블랙록BlackRock, 2021년 경제 전망

> 2021년 코로나 회복세는 빨라질 것이다. 강세장bull market의 시작이며, 회복에 대한 의심은 없다.
> — 모건스탠리Morgan Stanley, 글로벌 투자 전략 2021

코로나로 발생한 미국인의 임금 손실 추정액은 3500억 달러다. 미국 소비자에게 뿌려진 코로나 지원금은 1조 달러가 넘는다. 넘치는 돈이 갈 곳은 소비, 그리고 투자다.

짐 로저스의 지겨운 비관론

- -

3년 전 《앞으로 3년, 미국 랠리에 올라타라》 집필 때 내가 느낀 스트레스는 상당했다. 시장 예측은 기본적으로 위험한 데다 긍정론은 더 위험하다. 비관론은 좀 틀려도 괜찮다. 돈을 번 사람들은 비관론자를 비난하지 않는다. 긍정론은 다르다. 일기예보와 같다고 보면 된다. 비가 온다고 했는데 안 오는 것이, 비가 안 온다고 했다가 오는 것보다 낫다.

짐 로저스Jim Rogers는 대표적인 비관론자다. 적어도 한국에서는 그렇다. 얼마 전 한국에 사는 한 지인이 "짐 로저스가 2021년에 버블 붕괴가 온다고 했다"라며 의견을 물었다.

한글로 '짐 로저스'를 검색하니 관련 기사들이 떴다. "약속한다. 거품은 꺼진다." "동학개미. 큰 돈 잃을 것." 그가 말하는 버블론의 근거는 미국 부채다. 코로나 지원으로 급증한 미국의 부채가 끔찍한 재앙을 몰고 올 텐데, 이유는 "경기 침체는 늘 있었기 때문에, (언젠가) 또 올 것"이라는 이야기다. 모두 2020년 9월에 한국 언론과 한 인터뷰 내용이다.

그런데 영어로 'Jim Rogers'를 검색하면 전혀 다른 내용이 뜬다. "시장 폭락 임박했나? 짐 로저스는 말한다. 아직이다. 저평가

된 종목에 투자하라 Market crash coming? Jim Rogers says not yet; invest in these hated assets." 2020년 12월, 짐 로저스는 미국 방송에 출연해 "시장은 버블이 아니다. 기회를 잡으라"라고 말했다. 한국 언론에 대고 버블 붕괴를 주장한 지 3개월 만의 일이다.

분명 3개월 동안 미국 주식은 오르기만 했는데, 짐 로저스는 주식시장에 대해 9월에는 버블이라고 했다가 12월에는 버블이 아니라고 한다. 짐 로저스가 잘못된 것인가, 언론이 잘못된 것인가?

일단 짐 로저스는 이제 미국보다 한국에서 훨씬 인지도가 높은 듯하다. 10년 전부터 북한 투자나 일본 침몰설 등 한국 사람들이 좋아할 만한 '썰'을 푼다 싶더니, 이제는 한글로 책도 출판하고 한국 기업의 임원으로도 활동하고 있다.

미국 CNBC나 블룸버그 방송에 짐 로저스가 가끔 등장할 때도 있다. 그러나 10년 넘게 똑같은 원자재 투자 이야기만 되풀이하는 데다 시장 코멘트도 주로 과거형이라 임팩트가 없다. 뷰view는 항상 비관론, 이유는 '그럴 때가 됐다'라는 식이다. 닷컴 버블, 서브프라임 모기지 사태, 심할 때는 100년 전 영국으로 간다. 앞서 한국 언론과의 인터뷰에서 "경기 침체는 늘 있었기 때문에 또 올 것"이라고 말한 것과 같은 맥락이다.

짐 로저스는 과거에 훌륭한 투자자였다. 미국 부채에 대한 그의 우려도 일리가 있다. 그러나 그의 비관론은 한국어로 훨씬 자주, 많이 접할 수 있다. 그가 말을 다르게 하는 것인지, 번역 및 보도하는 한국 매체의 의도인지는 알 수 없다. 영문 기사는 반반이다.

혹시 짐 로저스의 말을 듣고 망설이는 투자자가 있다면, 시야를 넓혀보라 말해주고 싶다. 그저 한 사람의 의견일 뿐이다. 워런 버핏Warren Buffett은 2020년 2월부터 코로나 사태에 대해 "좋은 기업을 싸게 살 기회"라고 했다. 그리고 그는 애플 주식을 쓸어 담아 4개월 만에 400억 달러(44조 원)를 벌었다.

기술주,
버블 아니다

비관론자들이 좋아하는 단어 중 '닷컴 버블'이 있다. 20년 전 기술주 주도의 랠리로 폭삭 망한 경험 탓인지 자꾸 과거 이야기를 하며 버블 붕괴를 점친다. 투자은행들은 한목소리로 말한다. 버블은 없다.

기술주 랠리가 버블이 아닌 이유는 크게 세 가지다.

첫째, 기술주는 코로나 수혜주다. 코로나 바이러스는 소비자의 행동 패턴을 완전히 바꿔놓았다. 온라인 쇼핑, 화상회의, 원격진료가 일반화되었다. 식사는 배달로, 여가는 스트리밍으로 해결한다. 아마존Amzaon으로 쇼핑하고, 줌Zoom으로 회의를 한다. 식사는 도어대시DoorDash로 주문하고, 옷은 포시마크Poshmark에서 구입한다. 학교에 가는 대신 코세라Coursera로 학위를 따고, 데이트는 범블Bumble을 이용하고, 주식은 로빈후드Robinhood로 거래한다. 이러한 변화는 단기적인 것이 아니다. 소비자는 코로나 종식 후에도 크게 달라지지 않을 것이다.

둘째, 테크 기업의 현금 창출 사이클이 빨라졌다. 온라인 마케팅 덕분이다. 예전 기술 기업의 밸류에이션을 버블이라 불렀던 이유 중 하나는 이런 회사들이 창업 초창기에 현금흐름을 만들어 낼 수 없었다는 데 있다. 고객 확보를 위해 마케팅과 홍보 비용으로 대규모 초기 투자가 필요했기 때문에, 순이익이나 순 현금흐름으로 전환할 때까지 오랜 시간이 걸렸다. 지금은 상황이 다르다. 스마트폰을 통해 제품과 서비스를 알릴 수 있게 되면서, 초기 투자 비용이 확 줄었다. 스타트업은 금세 사용자를 늘리고, 현금흐름을 창출한다.

셋째, 코로나로 '기술주=안전 자산'이라는 인식이 확립되었다. 코로나 급락에도 끄떡없는 회복 탄력성resilience이 확인되며 전세계 투자 자금이 기술주로 몰렸다. 2020년 말 기준 아마존, 구글, 페이스북의 시가총액을 합치면 S&P500의 37%에 달한다. 더 이상 기술주는 위험 투자 종목이 아닌 안전 자산이다.

기술주 랠리는 이 같은 소비자의 행동 변화와 현금 창출 능력, 그리고 안전 자산으로서 기술주의 가치가 반영된 결과다. 실체 없는 제안서와 미래 약속으로 밸류에이션을 부풀리던 닷컴 시대의 회사들과는 차원이 다르다.

투자은행들도 한목소리로 기술주를 추천하고 있다. 2021년 초 JP모건은 가장 상승 가능성이 높은 섹터로 '기술tech과 부동산'을 꼽았다. 블랙록이 추천하는 섹터는 '기술과 바이오'다. 나스닥 지수를 추종하는 ETF, QQQ의 설정 규모는 계속 커지고 있다.

'바이든 랠리'는 없다,
미국 랠리다

바이든 대통령이 미국 주식 상승에 제동을 걸 가능성도 낮다. 코로나 재건에 우선순위를 둘 수밖에 없는 상황인 데다, 상원도 반반으로 갈라져 증세나 반시장 정책 추진은 불가능하다.

> 바이든 당선을 축하하는 이유는 바이든이 승리했기 때문이 아니다. 트럼프가 패배했기 때문이다.
> ─ CNN

2020년 미국 대선에서 유권자는 두 부류로 나뉘었다. 트럼프 지지자와, 트럼프가 싫어서 바이든을 지지한 사람들이다. 바이든을 개인적으로 좋아하는 사람은 거의 없었다. 바이든이 아니라 힐

러리였어도 결과는 같았을 것이라는 시각이 우세하다. 아니, 조금 더 쉽게 승리했을지도 모른다.

투자의 세계에서도 바이든의 존재감은 미미했다. 2020년 11월 바이든이 대통령으로 당선된 후 연말까지 S&P는 10%, 나스닥은 15% 상승했다. 이 상승 폭은 4년 전 트럼프 대통령 당선 후 같은 기간 미국 주식이 상승한 폭보다 훨씬 크다. 2016년 당시 S&P는 5.5%, 나스닥은 5% 상승에 그쳤다. 사람들은 이를 '트럼프 랠리'라 불렀다.

2020년 12월, 4년 전의 두 배가 넘는 주가 상승 폭에도 불구하고 시장 참가자들은 '바이든 랠리'라는 말을 쓰지 않았다.

> 2020년 대선 주가 상승은 대통령 선거 결과와 전혀 관계가 없다. 코로나 백신에 대한 기대감과, 연준의 제로금리 유지 선언 덕분이다. 정치적 이유가 있다면, 트럼프의 예측할 수 없는 행동에 지친 투자자들이 좀 졸려 보이긴 하지만(슬리피 조Sleepy Joe는 트럼프가 즐겨 부른 바이든의 별명이다) 예측 가능한 바이든이 좀 낫다고 생각한 정도일 것이다.
> — CNN

바이든 대통령이 공약한 증세도 실행 가능성이 낮다며 무시하는 분위기다. 새로 출범한 바이든 행정부의 최우선 과제는 코로나로 무너진 경제 재건이다. 말로는 고소득층 증세를 외치지만, 절반이 공화당인 상원을 통과하기는 쉽지 않다.

"좌우left or right에 상관없이 극단적인 공약은 어차피 말뿐이에요." 한 시장 참가자의 말이다. 하긴 트럼프도 멕시코와의 국경에 장벽을 건설하고, 불법 이민자 200만 명을 해외로 추방하겠다고 했었다. 4년이 지난 지금 달라진 것은 아무것도 없다. "그런 면에선 상원은 반반, 하원은 민주당인 지금이 딱 좋아요. 어느 한쪽도 미친 짓을 할 수 없으니까요."

> 트럼프 랠리가 아니라 미국 랠리다. 누가 대통령인가에 상관
> 없이 미국 경제는 튼튼하다.
> ─《앞으로 3년, 미국 랠리에 올라타라》

미국 증시는 랠리한다. 대통령이 트럼프든 바이든이든 상관없다.

달러화 약세는
어쩔 수 없다

미국 주식에 투자하는 한국 투자자 입장에서 달러화 약세는 문제다. 코로나 사태가 악화되던 2020년 3월 1200원까지 올랐던 원-달러 환율은 지속적으로 하락해, 2021년 5월 1100원 수준에 머물렀다. 시장 전문가들은 달러화 약세가 당분간 계속될 것으로 보았다. 연준의 제로금리 정책과 미 정부의 코로나 경기 부양책 때문이다.

코로나 경제 재건은 바이든 정부의 최대 과제다. 미국 경제가 빠르게 정상화되고 있지만 아직 미국인 수백만 명은 실직 상태이며, 특히 서비스 부문의 회복세는 여전히 취약하다. 완전한 경기 회복이 달성될 때까지 연준과 정부의 경기 부양과 양적 완화 정책은 계속될 것이다.

미 연준의 제롬 파월 의장은 2021년 3월 정책 회의에서 "당분간 금리 인상은 없다"라며 완화적 통화 정책을 재확인했다. 특히 2021년 들어 본격화된 장기 금리의 상승에 대해서도, 이 금리 상승이 경제에 대한 자신감을 반영하고 있을 뿐 인플레이션을 예상하지 않는다는 견해를 재차 밝혔다. 2020년 말 1% 수준이던 미국 10년 국채 금리가 1.5%까지 올랐지만, 여전히 제로금리와 경기 부양 정책이 필요함을 확인시켜준 것이다.

제로금리와 경기 부양책으로 통화량이 늘어난다 해도 인플레이션 가능성은 낮다. 경제 정상화와 억눌렸던 소비 심리 폭발로 단기적 인플레이션이 발생할 경우, 연준은 이를 채권 매입으로 해결할 것이다. 2021년 연준은 이미 1조 달러에 가까운 채권을 매입할 계획임을 밝혔다. 시장 전문가들은 1조 달러의 채권 매입을 통해 장기 금리를 낮출 수 있을 것으로 본다.

장기적인 인플레이션 가능성도 낮다. 이유는 두 가지다.

첫 번째는 인구 증가율 둔화다. 역사적으로 인플레이션은 통화량보다 인구통계학적 곡선과 강한 상관관계를 보여준다. 미국의 연평균 인구 증가율은 매년 하락하고 있다. 2010년 증가율은 0~0.85%로, 1950년대(1.8%)보다 1%포인트나 낮아졌다.

두 번째는 유가의 안정화다. 유가는 물가에 가장 큰 영향을 미치는 요인이다. 유가 급등은 곧바로 물가 상승으로 이어진다. 최근 수년간 유가 등락을 보면, 예전보다 급등락이 줄어든 것을 볼 수 있다. 셰일 가스의 등장으로 공급 능력이 좋아지며, 늘어난 수요에 즉각적으로 대응이 가능해진 결과라는 분석이다.

결론적으로 연준이 제로금리를 유지하더라도 인플레이션 가능성은 낮다. 미국의 단기 금리는 0% 가깝게 유지될 것이다. 장기 금리가 상승한다면 연준은 채권 매입을 통해 이를 통제할 것이다. 달러화 가치 상승이 당분간 어려워 보이는 이유다.

CHAPTER 4

나스닥시장의
대장 기술주들

나스닥 대장주들,
본사는 모두 실리콘밸리에

나스닥시장의 대장 기술주라 하면 FAANG(페이스북, 아마존, 애플, 넷플릭스, 구글)과 함께 마이크로소프트, 테슬라, 엔비디아가 꼽힌다. 이들 중 시가총액 1위는 애플이다(2020년 말 기준). 애플의 뒤를 이어 마이크로소프트, 아마존, 구글(알파벳), 테슬라가 시총 2~5위를 차지하고 있다. 페이스북와 엔비디아가 그다음이다.

실리콘밸리에서 10년 가까이 살다 보니 이 엄청난 회사들도 이제는 친근하게 느껴진다. 각 회사 사람들마다 가진 개성도 뚜렷하고, 캠퍼스 분위기도 다르다.

구글 캠퍼스는 실리콘밸리 마운틴뷰Mountain View에 있다. 지금 내가 사는 팰로앨토Palo Alto에서 차로 10분 거리다. 2013년 경영대학원 시절 견학으로 처음 가보았던 기억이 있다. 근엄하고 딱딱한 투자은행 분위기에 익숙해져 있던 나는 '이게 회사인가?' 싶었다. 입구에 세워진 알록달록한 자전거들부터 본사를 일컫는 '캠퍼스'라는 명칭까지 다 어색했다.

다음과 같은 설명을 듣고 이해했다. "지식, 창의, 상상력을 대학처럼 자유롭게 공유하자는 의미로 본사를 캠퍼스라 부른다. 대학의 자유로움과 연구 분위기를 기업에 불어넣자는 뜻이다."

구글 캠퍼스는 이 동네에서 관광 명소다. 한국에서 가족이나 친구 등이 올 때마다 투어를 다니며 분위기에 적응했다.

몇 년 후 로스쿨 1학년 여름 인턴을 구글 법무팀에서 했다. 내부에 있어 보니 또 느낌이 달랐다. 일단 맛있는 식당이 너무 많아서 음식의 유혹을 참기 힘들었다. 어떤 부서를 가도 여기가 미국인가 싶을 정도로 중국과 인도를 비롯해 아시아계 엔지니어가 많았다.

페이스북 캠퍼스는 근처 멘로파크Menlo Park에 위치해 있다. 개인적으로 내가 가장 좋아하는 캠퍼스다. 구글 캠퍼스보다 훨씬 예쁘고 생기가 넘친다. 캠퍼스 디자인은 '디즈니랜드'와 팰로앨토 시내를 모티프로 했다고 한다. 그래서 페이스북 캠퍼스는 이 동네 거리 같아 친근하면서도, 만화 세상에 온 것처럼 귀엽고 활기가 넘친다. 이발소, 세탁소, 은행 등 편의 시설부터 당구장, 게임 룸, 카페까지 다양하게 갖춰져 있다. 2018년 캠퍼스를 확장하며 더 깨끗하고 멋있어졌다.

애플 캠퍼스는 팰로앨토의 남쪽, 쿠퍼티노Cupertino에 위치해 있다. 구글이나 페이스북 캠퍼스에 비해 애플 캠퍼스는 다소 평범하다. 분위기도, 사람들도 삼성전자와 다르지 않은 느낌이다. 마지막으로 가본 게 신사옥(애플파크) 완공 전이라 더 그랬는지도 모르겠다.

넷플릭스 본사는 쿠퍼티노보다 더 남쪽인 로스가토스Los Gatos에 있다. 넷플릭스의 로고인 빨간색 장식과 오리지널 콘텐츠 포스터가 군데군데 붙어 있는 것 빼고는 별다른 특색이 없었다. 어둡고 우중충한 큐비클 사이에 앉아 있는 사람들의 얼굴도 우울해 보였다.

산타클라라Santa Clara에 위치한 엔비디아의 본사 건물은 굉장히 멋지다. 엔비디아를 모르는 사람도 차를 타고 건물을 지나가면 물어볼 정도로 눈에 띄는, 실리콘밸리의 랜드마크다. 우주선을 연상시키는 외관에 내부도 최첨단이다. 건축 단계부터 VR 기술을 활용해 업계의 주목을 받았다.

테슬라의 본사는 팰로앨토, 공장은 프리몬트Fremont에 위치해 있다. 일론 머스크가 거주지를 텍사스로 옮기며 다음 공장은 텍사스에 짓겠다 발표했지만, 여전히 테슬라의 본진은 실리콘밸리다.

아마존의 본사는 시애틀이다. 하지만 아마존웹서비스AWS 등 첨단 사업 부문의 본거지는 실리콘밸리다. 샌프란시스코, 서니베일Sunny Vale, 팰로앨토에서 수천 명의 아마존 엔지니어가 일하고 있다.

나스닥 대장주 7대 회사의 본거지가 모두 실리콘밸리다. 기술주 투자를 하고 싶다면 월가가 아니라 실리콘밸리의 움직임을 주시해야 하는 이유다.

애플,
"전 세계에서 가장 훌륭한 비즈니스"

코로나 공포가 엄습한 2020년 2월, 워런 버핏은 CNBC와의 인터뷰에서 애플(NASDAQ: AAPL)을 "전 세계에서 가장 훌륭한 비즈니스를 하는 회사"라 했다. 버핏의 유명한 투자 원칙, 곧 "적당한 기업을 싸게 사려 하지 말고, 좋은 기업을 합리적 가격에 사라"는 원칙에 부합하는 투자가 바로 애플 주식임을 다시 한 번 강조했다.

버핏은 장담한 대로 애플 주식을 매입해 대박을 터뜨렸다. 버크셔해서웨이Berkshire Hathaway가 보유한 2억 4500만 주의 애플 주식은 4개월 만에 버핏에게 400억 달러(44조 원)의 수익을 안겨주었다. 가치 투자의 창시자 버핏이 원칙을 깨고 처음 매입한 기술주가 애플이다. 버핏이 투자 원칙을 포기할 만큼 애플의 비즈니스가 훌륭했다는 뜻이다.

코로나 위기는 애플의 진가를 다시 한 번 확인시켜주었다. 애플은 코로나 시기 공급과 판매망 타격에 대한 우려를 보란 듯이 불식시키며 공격적인 바이백과 현금 배당 지급을 계속했다. 2018~2019년 아이폰의 수요 감소 전망으로 200달러 선이 무너졌던 애플 주가는 2021년 초 액면 분할(1:4) 전 기준으로 500달러를 훌쩍 넘었다.

애플은 2020년 시총 2조 달러의 벽을 넘었다. 코로나 상황에서 2조 달러라는 마일스톤milestone을 달성한 애플에 시장은 열광했다. 여기에 2020년 말 로이터통신은 "애플이 2024년까지 자체 설계한 배터리를 장착한 자율주행 전기자동차를 생산할 계획"이라고 보도했다. 넥스트 테슬라를 찾아 헤매던 개인투자가들이 애플로 몰렸다.

애플이 전기자동차까지 만든다면 애플 주식을 매도하지 않고 보유해야 할 또 한 가지 이유가 생기는 것.
— 짐 크레이머Jim Cramer, CNBC 〈매드 머니Mad Money〉

애널리스트들은 여전히 추가 상승을 점치고 있다. 전기자동차 루머 때문만은 아니다. 아이폰12의 판매 호조에 원격 근무 및 교육에 따른 아이패드와 맥북의 수요 증가, 2000억 달러에 육박하는 현금 보유량 등 애플의 미래를 긍정적으로 볼 이유는 충분하다.

애플은 미래 혁신 사업 투자에도 열심이다. 아이폰 중심의 매출 구조를 다변화하기 위해 서비스 콘텐츠 분야에 집중 투자하고 있다. 15억 명에 달하는 유저 베이스를 이용해 뉴스 검색, 음악 등 하드웨어와 콘텐츠를 결합한 강력한 생태계를 구축하겠다는 계획이다. 시장점유율 1위인 애플워치Apple Watch와 에어팟AirPods을 필두로 하는 웨어러블 기기 부문의 경쟁력도 강하다. 차세대 기기인 스마트 글래스 개발을 위해 인공지능 관련 스타트업 인수도 계속 진행 중이다.

애플 주식은 값도 싸다. 2020년 상승률이 70%가 넘지만 여전히 주가수익비율PER(28)은 다른 종목에 비해 낮다. 아마존과 넷플릭스의 주가수익비율은 90, 테슬라는 160이 넘는다.

탄탄한 매출 전망에 낮은 밸류에이션, 애플은 여전히 저평가된 우량주다.

개인정보보호법, 애플의 강 건너 불구경

바이든 정부 출범 후 빅테크 기업에 대한 전방위 압박이 시작되고 있다.

첫 번째 이슈는 반독점이다. 미국 하원은 2020년 12월 아마존, 애플, 페이스북, 구글 등 빅테크 기업의 과도한 시장 지배력을 지적하는 보고서를 발행했다. 법무부는 디지털 광고 시장에서의 야합을 이유로 구글과 페이스북을 고소했고, 뉴욕주 등 40개 주는 페이스북의 시장독점을 우려하며 법적 행동에 나섰다.

전문가들은 실제 '구글 쪼개기'나 '페이스북 쪼개기'의 가능성은 높지 않다고 본다. 현재의 독점 상황에 대해 문제 제기는 필요하지만, 미국 경제를 이끌고 있는 대형 IT 회사들을 분리시킬 가능성은 낮다는 주장이다. 미 하원 보고서에도 추가 인수·합병 절차를 까다롭게 하는 내용 정도가 담겼을 뿐, 엘리자베스 워런 Elizabeth Warren이 주장한 극단적인 기업 쪼개기는 빠져 있다. 미국 경제를 이끄는 대장 기업들을 부수는 것은, 코로나 경제 재건이 중요한 현 정부에도 도움이 안 된다.

반독점보다 빅테크 기업에서 더 민감하게 반응하는 두 번째 이슈는 개인 정보 보호, 곧 프라이버시 문제다. 기업 쪼개기의 경우처럼 자국 경제 보호론이 먹히지 않는 데다, 무엇보다 개인 정보는 테크 기업의 매출과 직결되기 때문이다.

개인 정보 보호에 대한 미국과 EU의 표면적 압박도 반독점 못지않게 거세다. 2020년 12월 미국 연방거래위원회FTC는 아마존, 페이스북, 트위터, 구글에 더욱 투명하고 명확한 정보 공개를 요구하는 서신을 보냈다. 2019년 EU는 일반개인정보보호법GDPR 위반으로 구글에게 사상 최대 규모인 5000만 유로(650억 원)의 과징금을 부과했다. 구글은 항소했지만, 2020년 패했다.

EU의 개인 정보 보호법 GDPR은 개인 정보에 대한 정보 주체(개인)의 권리와, 그 정보를 다루는 기업의 책임 강화를 주요 내용으로 한다. GDPR에 따르면 개인은 기업이 저장한 정보의 사본을 요구할 수 있고, 삭제를 요구할 수도 있다. 개인 정보 삭제의 권리는 '잊힐 권리right to be forgotten'로 잘 알려진, 인터넷상에서 자신과 관련된 자료의 삭제를 요구할 수 있는 권리다. 기업은 개인 정보가 유출될 경우 바로 개인에게 이 사실을 알려야 하며, 정보 유출을 막기 위한 보안 시스템을 갖추고 정보 보호 책임자Data Protection Officer를 지정해야 한다. GDPR은 EU 국가에 사업장을 가진 회사뿐 아니라 EU 거주자를 대상으로 하는 모든 기업에게 적용된다. 전 세계에 고객이 있는 빅테크 기업은 당연히 그 대상이다.

2018년 GDPR 시행이 특히 주목을 받았던 이유는 강화된 처벌 조건 때문이다. 이전까지 100만 유로(13억 원)에 불과했던 과징금이 2018년 20배가 뛴 2000만 유로(260억 원) 혹은 기업 전체 매출의 4%로 상승 조정됐다.

그 첫 케이스가 구글이었다. 구글에 대한 과징금 부과는 규모뿐만 아니라 내용 면에서도 주목을 받았다. GDPR이 발효된 지 1년 남짓밖에 지나지 않아 다양한 해석이 가능한 상황에서 GDPR의 세부 기준을 제시한 판례가 되었기 때문이다.

구글의 첫 번째 위반 사항은 개인 정보 수집과 처리 절차 안내가 복잡하고 불투명하다는 것이다. 관련 정보가 여러 문서에 흩어져 있어 한번에 파악할 수 없고, 일부 정보는 5~6번 클릭을 해야 접근 가능하다는 점이 문제로 지적되었다. 두 번째 문제는 맞춤형 광고를 위한 동의 절차다. 한 예로, 구글 계정 생성 때 광고를 위한 동의 부분이 디폴트로 클릭이 되어 있다는 점이 지적되었다. 사용자가 서비스 약관과 함께 개인 정보 이용을 한번에 동의하는 구조이기 때문에, 자신의 정보가 광고주에게 제공된다는 사실을 명확히 인지하지 못한 채 동의한다는 주장이다.

2020년 발표된 EU의 디지털시장법DMA에는 한층 강화된 처벌 조항이 담겼다. 위반하면 글로벌 매출의 최대 10%를 벌금으로 내야 하며, 반복 위반할 경우 유럽에서 플랫폼 운영이 중단된다. EU는 자산 매각 및 기업 분할 명령까지 내릴 수 있다. 개인 정보를 수집해 광고로 먹고사는 구글과 페이스북은 당연히 민감하게 반응하고 있다.

재미있는 것은 애플의 반응이다. GDPR과 사투를 벌이고 있는 페이스북이나 구글과 달리 애플은 의도적으로 개인 정보 보호 논란에 선을 긋는다. 아니, 오히려 GDPR을 적극적으로 옹호하고 있다. 애플의 CEO 팀 쿡Tim Cook은 2021년 CES에 직접 나타나 애플의 강화된 개인 보호 정책을 홍보했다. 이 정책이 iOS14 업데이트에 반영되었고, 이제 아이폰에 탑재된 애플리케이션이 개인 정보를 수집하기 위해서는 사용자에게 일일이 동의를 구해야 한다.

페이스북은 애플의 정책에 강력 반발했다. 동의 절차가 추가되면 많은 사용자가 정보 수집에 동의하지 않을 테고, 수집된 데이터의 정확성과 함께 맞춤 광고 효과는 떨어질 수밖에 없으며, 이는 페이스북 광고를 하고 있는 소상공인의 생계에 위협이 된다는 주장이다. 2020년 12월 페이스북은 "애플은 소상공인을 보호해야 한다"라는 전면 광고를 통해 애플을 공개적으로 비판하기도 했다.

애플의 GDPR 옹호는 전략적 선택이다. 애플은 아이폰과 iOS로 돈을 버는 회사이기 때문에, 무리하게 개인 정보 수집에 나설 필요가 없다. 이참에 독자적 행보를 통해 개인 정보를 소중히 여기는 기업이라는 이미지 홍보 효과도 얻을 수 있다. 2019년 말 미국 해군기지에서 일어난 사우디아라비아 출신 장교의 총기 난사 사건 때, FBI의 압박에도 불구하고 끝까지 아이폰의 잠금 해제를 거부한 애플이다.

캘리포니아개인정보보호법CCPA도 GDPR 못지않다. 구글과 페이스북은 발등에 떨어진 불을 끄기 위해 동분서주하고 있다. 애플은 여전히 강 건너 불구경 중이다.

아마존,
고객은 행복하고 직원이 불행한 회사

대표적인 코로나 수혜주 아마존(NASDAQ: AMZN)의 주가 전망은
'매우 좋다'. 투자 전문 매체 〈벤징가 Benzinga〉에 따르면, 2020년 말
애널리스트들은 아마존 주가가 2년 내로 4000달러에 이를 것으
로 전망했다. 코로나로 높아진 소비자의 아마존 의존도와, 시장점
유율 1등의 클라우드 서비스인 아마존웹서비스AWS가 그 이유다.

코로나 봉쇄 조치로 많은 사람들이 아마존의 구매 편리성을
인식하고, 아마존에 길들여졌다. 이들은 코로나 종식 후에도 아마
존의 충성스러운 고객으로 남을 것이다. 아마 나도 그들 중 하나
가 아닐까 싶다.

2020년 3월 봉쇄령이 내려진 후 실리콘밸리 이 동네에서 식
료품을 제외한 오프라인 쇼핑은 아예 불가능해졌다. 예전에는 눈

으로 보지 않고는 살 수 없다고 생각했던 많은 물품을 어쩔 수 없이 온라인으로 구입하게 되었다. 식재료, 옷, 신발은 물론 집수리에 필요한 장비와 부품까지 다양하게 주문했다.

내가 경험한 아마존의 고객 서비스는 독보적이었다. 코로나에 의한 배송 지연이 일상이 된 시기에도 아마존 배송은 언제나 정확했다. 언제 창고를 떠났는지, 배송 차량이 어디를 지나고 있는지 실시간으로 업데이트해주고 문 앞에 놓고 간 물건 사진까지 전송한다. 환불이나 교환 요청은 온라인으로 접수하면 길어야 한나절, 빠르면 두 시간 내 처리되었다. 오프라인 교환 센터도 집에서 10분 거리에 두 곳이나 있어 아무 불편함이 없었다.

아마존 서비스에 익숙해지고 나니 다른 온라인 쇼핑몰의 서비스가 다 만족스럽지 못했다. 모두가 불친절하고 느리게 느껴지면서, 점점 더 많은 물건을 아마존에서 구매하게 되었다. '쇼핑=온라인', '온라인 쇼핑=아마존'의 공식이 자리 잡았다. 아마존에 의존하는 삶이 되어버린 것이다. 이런 사람이 비단 나뿐만은 아닐 것이다.

아마존 창업자 제프 베이조스 Jeff Bezos의 목표는 '세상에서 가장 고객 중심적인 회사'를 만드는 것이었다. 그 결과 아마존은 고객 강박증 Customer Obsession이 부동의 제1원칙으로 정의되어 있는, 철저한 고객 중심의 기업이 되었다. 고객 중심 정신은 아마존 저가 전략의 핵심이다. 일단 고객 트래픽을 늘려 규모의 경제를 실현하면, 더 많은 판매자가 좋은 상품을 낮은 가격에 제공하게 된다. 고객 서비스에 집중함으로써 고객 트래픽 증가와 가격 인하의 선순환을 만들어내는 전략이다.

아마존은 직원이 불행한 회사로도 유명하다. 무한 경쟁 체제에 업무 강도도 높다. 공짜 점심, 스낵, 음료수도 없고 책상은 문짝으로 만든 도어데스크door desk다. 제프 베이조스가 창업 당시 새 책상 대신 안 쓰는 문짝을 뜯어 책상을 만든 데서 유래한 도어데스크는 여전히 아마존의 전 직원이 사용한다고 한다. 꼭 필요한 데만 돈을 쓰는 아마존의 검소한 문화를 상징한다나. 어쨌든 주변에 아마존을 그만두고 나온 사람들이 하나같이 하는 이야기는 "너무 힘들었다"라는 말이다.

아마존의 AWS는 이커머스에 비해 대중적으로 덜 알려졌지만, 시장점유율 1위의 클라우드 서비스 최강자다. 아마존은 이미 전 세계에 글로벌 데이터센터를 구축해, 인공지능과 자율주행 등 최첨단 기술을 이용한 클라우드 저장 시스템을 제공하고 있다. 자사의 이커머스 사업에 사용되는 데이터를 관리하고 남는 용량은 다른 기업에 대여하는 구조다. AWS는 아마존 영업이익의 절반을 담당하는 캐시카우다.

시장 전문가들은 아마존 주식의 추가 상승을 점친다. 이커머스로 규모의 경제를, AWS로 수익성을 모두 잡았다는 평가다.

넷플릭스,
"디즈니의 공세는 인상적이었다"

대표적인 코로나 수혜주 넷플릭스(NASDAQ: NFLX)는 2020년을 아름답게 마무리했다. 가입자 수가 최초로 2억 명을 돌파했고, 순익은 50% 늘었다. 디즈니플러스(디즈니사의 온라인 스트리밍 서비스)의 위협도, 3분기 주춤했던 실적 전망도 넷플릭스의 상승세를 꺾지 못했다.

2020년 4분기 실적 발표에서 넷플릭스의 CEO 리드 헤이스팅스Reed Hastings는 디즈니플러스의 공세에 대해 인상적이었다고 표현했다. "디즈니의 공세는 아주 인상적이었다. 그 덕에 우리도 유저 수, 콘텐츠 제작에 제대로 필 받았다 fired up."

넷플릭스의 대항마 디즈니플러스는 2019년 말 출범했다. 디즈니플러스의 가장 큰 무기는 콘텐츠 경쟁력이다. 기존에 보유한

마블, 〈스타워즈〉 등 영화 시리즈, 〈겨울왕국〉과 〈토이 스토리〉 시리즈 같은 월트디즈니사의 애니메이션, 여기에 21세기폭스사의 영화, TV 사업까지 인수하며 디즈니는 글로벌 영화사 1위로 도약했다.

강력한 콘텐츠 경쟁력을 바탕으로 구독자 확보에 집중한 결과, 출시 1년 만에 구독자 수를 7000만 명까지 늘리는 놀라운 성과를 거두었다. 수치로는 넷플릭스 구독자 수의 절반에 못 미치지만, 넷플릭스의 오늘이 있기까지 10년이 넘는 시간이 걸렸다는 점을 고려하면 디즈니의 공격이 얼마나 매서웠는지 알 수 있다.

시장 전문가들은 넷플릭스와 디즈니플러스의 전쟁을 흥미롭게 지켜보고 있다. 대세는 아직 넷플릭스 쪽으로 기울어 있다. 넷플릭스의 글로벌 전략과 오리지널 콘텐츠 때문이다. 마블 시리즈, 〈스타워즈〉, 〈겨울왕국〉 같은 미국 스타일 콘텐츠 위주의 디즈니플러스와 달리 넷플릭스는 현지화된 글로벌 콘텐츠를 제작한다. 해외에서도 극찬을 받은 한국의 좀비 사극 〈킹덤Kingdom〉이 좋은 예다. 양질의 로컬 콘텐츠를 보기 위해 구독을 할 수밖에 없다. 이러한 콘텐츠와 구독의 선순환을 만든 결과, 지난 5년간 넷플릭스의 구독자 수는 미국 밖 글로벌 시장에서 폭발적으로 증가했다.

나도 넷플릭스를 통해 처음으로 일본, 프랑스, 멕시코, 스페인 등 다양한 국가의 콘텐츠를 접할 수 있었다. 자막만으로 영화를 보는 것이 어떤 느낌인지 넷플릭스를 통해 처음 배웠다. 봉준

호 감독의 말마따나 자막이라는 '1인치의 장벽'을 넘고 나니 훨씬 많은 콘텐츠를 즐길 수 있었다. 훌륭하긴 하나 수십 년 된 마블 시리즈와 어린이용 만화 위주의 디즈니플러스보다는 넷플릭스에 후한 점수를 줄 수밖에 없다.

넷플릭스는 프로페셔널하고 경쟁적인 기업 문화로도 유명하다. 넷플릭스는 최고의 선수가 모인 드림팀dream team을 추구한다. 훌륭한 일터는 복지 혜택이 많은 고급 사무실이 아니라 능력 있는 동료와 경쟁하며 최고가 될 수 있는 곳이라는 주장이다. 출퇴근, 휴가, 비용, 출장 등에 대한 규칙도 없다. 오로지 성과로만 판단한다. 규율이 아닌 동기부여를 통해 성과를 이끌어낸다. 이른바 자유와 책임의 문화다. 연봉은? 업계 최고 수준이다. 하지만 성과를 내지 못하면, 바로 해고다.

- 우리는 탁월함excellence을 추구한다. 우리 문화의 목적은 우리 탁월함을 이루는 것이다.
- 오로지 최고의 인재를 찾는 데 집중하고, 최고의 보수를 지급한다.
- 직원의 발전에 투자하는 것은 넷플릭스의 의무가 아니다.
- 다른 기준은 없다. 넷플릭스에 가장 이로운 방향으로 행동하라.
- 배를 만들고 싶다면 사람들을 시켜 나무를 모으고 역할을

나누고 명령을 내리면서 북을 칠 것이 아니라, 거대하고 끝
없는 바다를 갈망하게 만들어라.

— 넷플릭스 컬처데크Culture Deck

페이스북,
줄소송에 짓눌린 주가

페이스북(NASDAQ: FB) 주가는 지난 몇 년간 기술주 활황 속에서도 유독 답답한 흐름을 보여왔다. 2010년대 초반 인스타그램과 왓츠앱 인수로 장래가 촉망되던 페이스북은 이후 가짜 뉴스와 개인정보 유출 등의 다양한 이슈로 주가 상승에 제동이 걸렸다. 기업 실적과 미래 사업 전망은 한 번도 나쁜 적이 없었던 점을 고려하면, 지난 몇 년간 페이스북 주가의 움직임은 답답하기 짝이 없다.

이런 분위기는 2020년에도 이어졌다. 코로나로 기업 광고가 감소할 것이라는 예상을 보란 듯이 깨며 시장 예상을 상회하는 매출과 이익을 달성했지만, 이번에는 미국과 유럽의 반독점 소송이 발목을 잡았다.

2020년 12월 미국 연방거래위원회FTC(한국 공정거래위원회와 유사)와 미국 48개 주 검찰은 페이스북을 상대로 반독점 소송을 연방법원에 제기했다. 이들은 페이스북이 다른 소셜미디어 업체와 정당하게 경쟁하는 대신 공격적 인수를 통해 시장을 부당하게 독점했다며, 인스타그램과 왓츠앱 인수를 무효화하고 이들 회사에 대한 분할 명령을 내려달라고 요청했다.

FTC의 반독점 압박은 개인 정보 유출과도 밀접한 관련이 있다. FTC는 페이스북의 독점으로 소비자가 입은 피해가 바로 개인 정보 유출이라고 주장한다. 과거 경쟁자가 있었던 시절의 페이스북은 개인 정보 보호를 위해 노력했지만, 독점적 위치에 오른 이후에는 달라졌다는 주장이다. FTC에 따르면 페이스북은 독점기업이 된 이후 이용자 정보 수집 동의 절차를 없애고 데이터 익명화 조항을 제거하는 등 개인 정보 보호 절차를 의도적으로 약화시켰다.

연달아 터진 법적 이슈에도 불구하고 페이스북의 장기 사업 전망은 여전히 밝다. 2021년 초 대부분의 애널리스트는 페이스북 주식의 '매수' 혹은 '비중 확대'를 추천했다. 반독점과 개인 정보 소송 폭격에 1년 단기 전망은 300~350달러 수준으로 다소 보수적이지만, 장기 전망은 훨씬 좋다. 2025년 장기 목표 주가는 대부분 500달러를 훌쩍 넘는다.

상승 전망의 가장 큰 이유는 광고 매출이다. 페이스북 사용자가 표면적으로 감소 추세이기는 하나, 여전히 페이스북은 구글과 함께 광고주가 가장 선호하는 광고 매체다. 구글과 페이스북은 온라인 광고 시장을 99% 독점하고 있다. 특히 페이스북의 타기팅은 세밀하고 정확하기로 유명하다. 페이스북이 수집하는 유저의 연령, 취미, 지역 정보를 통해 기업은 가장 손쉽게 적은 비용으로 고객에게 제품과 서비스를 홍보할 수 있다.

내 주변에 페이스북 사용자가 줄고 있는 것은 사실이다. 몇 년 전부터 페이스북에 개인 일상을 업로드 하는 사람들이 눈에 띄게 줄었다. 그러나 미국 밖으로 시야를 넓히면 이야기가 달라진다. 전 세계적인 페이스북의 유저 수는 빠르게 증가하고 있다. DAU(하루 이용자 수)는 18억 명, MAU(월간 이용자 수)는 27억 명에 달한다(2020년 하반기 기준). 주로 미국이나 캐나다보다 아시아와 남아메리카 등에 많은 수의 유저가 있다. 페이스북뿐 아니라 인스타그램, 왓츠앱, 페이스북 메신저 유저까지 합친다면 이 수치는 더욱 커진다. 전 세계 메신저 시장을 페이스북 그룹이 장악하고 있다고 해도 과언이 아니다. 정밀한 타기팅 기술 덕분에 광고 수익성도 높다.

페이스북이 투자하고 있는 미래 사업 라인업도 다양하다. '리브라Libra'에서 '디엠Diem'으로 이름을 바꾼 페이스북의 가상화폐 프로젝트와, 인스타그램 마켓 등 마켓 플레이스도 시동을 걸고 있다. 휴대전화에 이은 차세대 기기로 꼽히는 스마트 글래스 개발에서도 페이스북은 구글이나 아마존 등을 앞서고 있다는 평가다.

CEO 마크 저커버그Mark Zuckerberg가 직접 스마트 글래스에 대한 비전을 여러 번 공개적으로 제시한 데다, 오큘러스Oculus 등 관련 기업을 일찍부터 적극적으로 인수해왔다.

반독점 소송으로 페이스북이 정말 쪼개질 가능성은 낮다. 반독점법에 근거한 기업 분할은 이론상 가능한 이야기지만, 실제 기업이 분할된 가장 최근의 사례는 1984년 AT&T 정도다. 빌 게이츠Bill Gates 역시 20년 넘게 반독점법과 싸워 마이크로소프트를 지켜냈다.

페이스북: 표현의 자유 vs. 가짜 뉴스

페이스북이 소송 부자이긴 하다. 반독점과 개인 정보뿐 아니라 가짜 뉴스와 혐오 등 표현의 자유와 관련된 소송도 페이스북을 괴롭히고 있다. 특히 선거철이 위험하다. 미국뿐 아니라 전 세계 선거가 치러질 때마다 페이스북은 긴장한다. 가짜 뉴스 및 허위 정보가 어마어마하게 쏟아지고, 소송 건수도 폭발적으로 증가한다.

2020년 11월 치러진 브라질 대선과 관련해 페이스북이 당한 소송은 약 5000건에 달한다. 가짜 뉴스 혹은 혐오 발언으로 분류

되어 삭제된 포스팅은 최소 10만 건이다. 브라질은 소송이 많고 법원 절차가 빠르기로 유명하다. 고소장이 접수되자마자 벌금이 부과되는 경우도 많다. 브라질 선거일이 다가오면 하루에 100건 넘는 소송이 접수된다. 페이스북 사내 변호사들도, 외부 로펌의 페이스북 담당 변호사들도 엄청나게 바빠지는 기간이다.

구글,
광고+클라우드, 구글은 구글

구글(NASDAQ: GOOG)의 산업이 다각화되고 있다고는 하지만, 여전히 구글(알파벳)의 주가를 이끄는 것은 구글의 검색엔진과 온라인 광고 수입이다. 전체 매출의 약 80%를 차지하는 광고 사업의 실적이 구글 주가의 단기적 향방을 결정한다.

구글은 2020년 2분기에 코로나 직격탄을 맞으며 창사 이래 최초로 마이너스 매출 성장률(-1.7%)을 기록했으나, 바로 다음 분기(3분기)에 코로나 이전 수준의 매출 성장률(14%)을 기록하며 반등에 성공했다. 매출 반등으로 횡보하던 구글 주가의 상승세도 탄력을 받았음은 물론이다. 코로나가 한창이던 2020년 1분기 1000달러대까지 떨어졌던 주가는 3분기 실적 발표 후 20% 상승했고, 2020년 말에는 1800달러대까지 올랐다.

최근 상승에도 불구하고 시장 전문가들은 여전히 추가 상승을 예상한다. 2021년 초 애널리스트들이 예상한 연말 종가는 2000~2500달러다.

상승 전망의 첫 번째 요인은 구글과 유튜브가 구축한 광고 시장 경쟁력이다. 구글과 페이스북은 미국 광고 시장의 99%를 차지하고 있다. 여기에 사용자 20억 명의 유튜브까지 합치면, 알파벳이 온라인 광고 생태계를 완전히 장악하고 있다고 해도 과언이 아니다. 구글과 유튜브 플랫폼을 통해 수집된 엄청난 데이터는 광고 효과를 최적화하는 데 사용된다.

구글은 광고 효과를 최적화하기 위한 인공지능 투자에도 적극적이다. 인공지능을 활용하면, 기존에 사람이 했던 광고 프로세스를 자동화해 고객 타기팅과 구매 전환율 conversion ratio, 곧 CVR을 높일 수 있다. 비용 대비 높은 광고 효과는 대기업뿐 아니라 중소 상공인을 구글 광고로 끌어들이고 있다. 늘어나는 중소 상공인을 위한 구글 마이비즈니스와 구글 쇼핑 등 판매 채널도 추가되고 있다.

두 번째 요인은 구글 클라우드 서비스다. 아직 구글 전체 매출에서 차지하는 비중은 10% 미만이지만, 성장성과 수익성이 높은 사업 부문이다. 아마존과 마찬가지로 구글은 전 세계에 데이터센터를 구축하고, 자사의 검색과 유튜브 서비스에 필요한 대량 데이터를 관리하고 남는 데이터는 다른 기업에 대여한다. 구글은 아마존과 마이크로소프트에 이어 3위인 시장점유율을 더 높이기 위해 고군분투 중이다. 클라우드 시장 전체가 성장 중이기 때문에, 시장 전문가들은 구글의 클라우드 부문 매출 역시 상승할 것으로 전망한다.

아직은 적자를 기록하고 있지만 웨이모Waymo(자율주행 기술 개발) 등 미래 사업에 대한 기대도 버리기는 이르다. 2009년부터 연구 비용을 쏟아부은 결과, 구글의 자율주행 기술은 테슬라 등 경쟁자를 큰 격차로 앞서고 있다. 스탠퍼드대학과 팰로앨토 시내에서 웨이모 시범 주행을 목격한 것이 벌써 6~7년 전 일이다. 자체적인 자율주행 자동차 생산이 될지, 기존 자동차 회사와의 협업이 될지 미래는 장담하기 이르지만, 웨이모의 기술력은 구글이 미래 자동차 시장에서 주도권을 잡는 데 큰 역할을 할 것이다.

유튜브는 구글에 이어 검색 서비스 2위를 차지했다. 밀레니얼 세대와 Z세대의 유튜브 시청 시간은 계속 늘어간다. 나조차 케이블TV를 끊은 지 오래다. 컴캐스트Comcast(미국 케이블TV 사업자)의 횡포에서 해방되니 이렇게 좋을 수가 없다. 애플TV로 유튜브 영상을 검색해 보거나, 넷플릭스 TV쇼를 하나 골라 보는 것이 저녁 일상이 되었다.

구글은 산유국 같은 회사, 아직 '원유' 채굴은 시작되지도 않았다

L(인터뷰이 요청으로 익명 처리), 구글 9년차 프로덕트 매니저

▲　　구글에 입사하고 어느덧 9년째다.

●　　그렇다. 2013년부터 구글에서 프로덕트 매니저로 근무하고 있다. 삼성전자에 4년 있었는데, 이제 구글에서 지낸 기간이 두 배가 넘어간다.

▲　　맞다. 구글 전에 삼성전자에 근무했었지. 서울에 살지 않았나?

●　　그렇다. 나는 메릴랜드Maryland에서 태어나 미국에서만 산 미국인이다. 테크 기업에서 일하려는 미국인으로서 아시아 다국적기업 본사에서 경험을 쌓는 것이 중요하다고 생각했지만 기회가 없었다. MBA 마칠 무렵 삼성전자 글로벌 전략 부서에 지원해 합격했다. 수원에서 4년 근무하며 서울에 살았다.

▲　삼성전자 경험은 어땠나?

●　뭐, 솔직히 말해서 나는 진짜 삼성을 경험한 것은 아니다. 나는 엔지니어도 아니었고, 외국인이 많은 특수한 부서에서 일했으니까 한국 조직 문화를 제대로 경험하지도 못했다. 한국을 떠나 구글에 입사하고 나서 삼성전자에 대한 존경심respect이 더 커졌다. 대단한 연구 개발 능력과 조직 효율성을 가진 회사다.

▲　구글에서 업무는?

●　구글 검색, 어시스턴트, 유튜브 등 안드로이드 운영체제와 플랫폼 관련된 모든 제품과 서비스의 전략, 마케팅, 파트너십을 담당한다. 지난 6~7년간 거의 같은 일을 했다.

▲　최근 구글 주가가 2000달러를 넘었다. 더 오를 거라고 보나?

●　이건 내 개인적인 의견일 뿐임을 확실히 하고 말하자면, 나는 오를 거라고 본다. 실적 전망이 좋다.

▲　실적 호조 전망의 근거는?

●　한마디로 요약하면 독점기업의 힘이다. 피터 틸Peter Thiel(페이팔 창업자)이 《제로 투 원Zero to One》에서 경쟁과 독점에 대해 한 말 기억하나. 한 산업을 독점하는 기업은 이유가 있다, 뭐 그런?

▲   기억한다. 정확히 찾아보자. "모든 행복한 회사는 한 분야의 독점을 이룬 회사들이다. 모든 실패한 회사는 경쟁을 벗어나지 못한 회사들이다." 이것도 있다. "독점기업은 마치 경쟁하고 있는 척한다." 구글이 그런 회사인가?

●   그렇다. 나는 피터 틸이 말한 독점기업의 가장 좋은 예가 구글이라고 본다. 일단 구글은 3대 주력 산업인 검색, 안드로이드, 유튜브에서 독점적인 시장 지배력을 가지고 있다. 이들 기본 산업이 연 10~15%씩 성장할 것이다. 인공지능이나 클라우드 같은 미래 성장 산업이 가진 포텐셜을 제외하고도 그렇다.

▲   미래 성장 산업 이야기가 나왔으니 묻겠다. 웨이모는 언제 상용화가 될까?

●   시점은 나로서는 예상하기 힘들다. 구글은 8년 전부터 관련 분야 최고 인재들을 영입하고, 대규모 투자금을 쏟아부었다. 시장 출시가 지연되면서 영입했던 인재들이 자기 사업을 한다고 많이 그만뒀다. 하지만 하나 확실한 것은, 웨이모의 자율주행 기술은 이미 완성되어 있다는 것이다. 경쟁사에 비해 최소 5년은 앞서 있다.

▲   구글의 기술력이 아직 주가에 반영되어 있지 않다?

●   그렇다. 나는 구글을 사우디아라비아나 이란 같은 산유국에 비유한다. 사람들은 구글이 검색과 유튜브로 쉽게 돈을 번다고 생각

할지도 모르지만, 구글은 지난 7~8년간 미래 성장 사업에 엄청난 투자를 해왔다. 이런 기술들이 무궁무진하게 땅 밑에 묻혀서 상용화될 날을 기다리고 있다. 구글의 기술력은 아직 채굴이 시작되지 않은 원유 같은 존재다.

▲   사람들은 지금 구글이 2000년대 초 마이크로소프트 같다고들 한다.

●   나도 동의한다. 2000년대 초 마이크로소프트는 지금의 구글 같았다. 모든 사람이 인터넷 익스플로어와 MS오피스를 사용하던 2000년대처럼, 지금은 모든 사람이 구글과 유튜브 검색을 쓴다. 지금도 마이크로소프트는 여전히 MS오피스의 시장 지배력을 유지하면서 클라우드 등 신사업을 통해 성장을 계속하고 있다.

▲   구글도 마이크로소프트가 간 길을 따라갈 것이다?

●   그렇다. 구글도 유튜브, 검색 시장에서의 독점적 지배력을 유지하며 다양한 미래 성장 사업 투자를 계속해왔다. 마이크로소프트처럼 다소 정체기가 올 수도 있지만, 결국 기존 사업의 시장 지배력에 미래 성장 산업의 기술력이 더해지며 장기적인 성장 궤도에 오를 것이다. 구글뿐만 아니라 애플, 아마존, 넷플릭스도 구글과 비슷한 길을 갈 것이라 생각한다.

▲   그럼 구글 주식을 팔 생각은 없겠다?

●   당연히 없다. 앞으로 계속 보유할 생각이다. 실적 전망도 좋고, 다른 회사 주식에 비하면 밸류에이션이 낮다. 직원이 자사 주식을 파는 것은 회사에 심각한 문제가 있다는 신호다. 혹시 주변에서 그런 이야기가 들리면 빨리 그 종목은 정리해야 한다. 구글의 사업에 대한 믿음이 나는 확실하다.

▲   구글의 단점을 하나 꼽자면?

●   이건 대기업은 피할 수 없는 문제인데, 필요 없는 인력이 너무 많다. 솔직히 나는 구글에 지금 있는 사람의 20%만 있어도 똑같이 성과가 나올 거라고 생각한다. 구글 인력의 20%가 가진 탁월함이 나머지 80%의 비효율성을 상쇄하는 구조다.

▲   애플도 잠깐 다녔던 것으로 안다.

●   한 1년 미만으로 근무해서 구글이나 삼성만큼 잘 알지는 못한다. 단지 내가 근무했던 부서가 워낙 엔지니어 중심이어서 비엔지니어로서 할 수 있는 일이 많지 않았다. 회사보다는 근무하는 부서가 문제여서 오래 안 다녔던 것 같다.

▲   삼성, 애플, 구글 기업 문화를 비교한다면?

●   솔직히 나는 큰 차이점을 못 느꼈다. 테크 기업의 기업 문화

를 결정짓는 기준은 사이즈라고 본다. 스타트업과 구글, 삼성, 애플은 다르다. 하지만 그 세 기업은 글로벌 다국적기업에 이미 관료화가 진행된 대기업이다. 출신 국가나 주력 사업이 다르다 해도, 일하는 입장에서는 비슷했다. 스타트업과는 확실히 다른 대기업 문화다.

구글의 다양성 추구

구글은 로펌에도 다양성을 요구한다. 구글의 법률 자문을 맡으려면 언더리프리젠티드 그룹Underrepresented group(대표성이 부족한 여성, 소수 인종, 성 소수자) 비율을 채워야 한다. 머릿수만 채워서는 안 된다. 제안서에 이름만 적어 내고 실제 업무는 맡기지 않는 경우를 방지하기 위해 매년 변호사별 업무 시간billing hour을 체크한다. 실제로 여성과 소수 인종 변호사에게 업무 기회가 주어지는지 지속적으로 점검하기 위해서다.

실리콘밸리의 다양성은 생존을 위한 선택이다. 전 세계를 대상으로 하는 사업을 위해 구글은 소수 인종 출신 임원이 필요하다. 스탠퍼드 MBA도 외국인 학생 비율을 늘리기 위해 애쓴다. 그 이유를 물어본 적이 있다. "나중에 미국 기업 임원이 될 인재들이 외국의 문화와 언어를 이해하고 외국인과 일할 능력을 기르는 것이 중요하기 때문이다." 아, 내가 현지 학생들의 학습 도구였구나. 새로운 깨달음이었다.

내가 근무했던 투자회사든 로펌이든 마찬가지다. 구글 같은 대형 고객이 다양성에 집착하니 여성, 소수 인종, 성 소수자를 뽑기 위해 애쓴다. 구글은 자사 직원의 다양성 추구에도 열심이다. 구글의 비즈니스 및 법무 부서에는 여성이 남성보다 많다. 그러나 여전히 2020년 구글 임원의 3분의 2는 백인이다. 구글의 CEO 순다르 피차이Sundar Pichai는 2020년 직원에게 보내는 레터에서, 소수 인종의 임원 비율을 2025년 30%까지 늘리겠다고 밝혔다.

마이크로소프트,
오피스 365의 독점적 시장 지배력

마이크로소프트(NASDAQ: MSFT)의 최대 강점은 오피스 365와 윈도 OS의 독점적 시장 지배력이다. 그동안 수많은 기업 소프트웨어가 도전장을 던졌지만, 여전히 마이크로소프트 워드, 엑셀, 파워포인 트를 대체할 수 있는 툴은 존재하지 않는다. 로펌과 은행 등의 사무실에서 모든 중요한 업무는 여전히 오피스 365를 통해 처리된 다. 윈도 OS도 마찬가지다.

기업 소프트웨어 시장에서의 지배력과 강력한 기업 고객 네 트워크는 마이크로소프트가 신사업을 추진하는 데 큰 힘이 된다. 마이크로소프트의 협업 툴 팀즈Teams가 좋은 예다. 마이크로소프 트는 잘나가던 기업 메신저·협업 툴 슬랙Slack(NYSE: WORK)을 잡기 위해 팀즈를 오피스 365에 '끼워팔기' 했다. 전략은 대성공이었다.

2019년 팀즈는 시장점유율에서 슬랙을 추월했다. 2019년 6월 상장한 슬랙은 상장 직후 주가가 반토막 나며 그해 12월 결국 세일 즈포스Salesforce(NYSE: CRM)에 인수되었다.

마이크로소프트는 아마존에 이어 기업 클라우드 부문 2위 회사이기도 하다. 전체 시장이 커지면서, 2020년 마이크로소프트의 클라우드 사업 부문 매출은 오피스365와 윈도를 넘어섰다. 특히 2019년 아마존을 제치고 미 국방부의 100억 달러 규모 클라우드 구축 사업 '제다이JEDI'의 최종 사업자로 낙점되며 시장의 주목을 받았다.

아마존은 제다이 수주 경쟁에서 밀린 뒤, 이 사업에 트럼프 대통령이 외압을 행사했다고 주장하며 법원에 사업자 선정을 취소해달라고 제소했다. 평소 테크 기업을 미워하는 트럼프 대통령이 시장 1위인 AWS를 제치기 위해 국방부에 압력을 행사했다는 주장이다. 법원의 명령으로 일단 마이크로소프트의 사업 수행은 중단되고, 국방부는 제안서 재검토에 들어갔다. 2020년 9월 국방부는 "재검토 결과, 마이크로소프트를 선정했다"라는 입장을 다시 밝히며 마이크로소프트의 손을 들어주었다.

마이크로소프트는 미래 혁신 투자에도 적극적이다. 특히 스마트 글래스 홀로렌즈Hololense는 세계 최초의 웨어러블 컴퓨터로 주목받고 있다. 스마트폰이나 PC에 연결해야 하는 타사의 기기와 달리, 홀로렌즈에는 마이크로소프트 윈도가 내장되어 있으며, 사용자가 이를 손동작이나 음성으로 자유롭게 조작할 수 있다. 아직 크기와 무게 때문에 일상생활 착용은 어렵지만, 기업용으로 특화 판매되는 중이다.

마이크로소프트의 다음 과제는 고객 연령층을 낮추는 것이다. 우여곡절 끝에 틱톡TikTok(중국 바이트댄스ByteDance가 개발한 15초~1분 분량의 영상 공유 SNS로, 미국 10대에게 큰 인기를 끌었다)은 오라클Oracle에 넘어갔다. 밀레니얼과 Z세대를 끌어들이기 위한 새로운 전략이 필요한 시점이다.

테슬라,
조심스런 낙관론

2020년 주식시장은 테슬라(NASDAQ: TSLA)를 빼고는 이야기할 수 없다. 1년간 주가 상승률 700%, 한국 투자자가 보유한 미국 주식 종목 1위. 테슬라 주식으로 백만장자가 된 사람들을 가리키는 '테슬라네어Tesla - naire'라는 신조어까지 등장했다. 가장 유명한 테슬라네어는 아마존의 소프트웨어 엔지니어 제이슨 드볼트Jason DeBolt 다. 그는 2013년부터 평균 단가 58달러로 테슬라 주식을 매입한 끝에 1200만 달러(133억 원)에 가까운 시세 차익을 거뒀다. 테슬라 종가가 880달러를 기록한 날, "나는 이제 은퇴한다"라고 트윗하며 유명세를 탔다.

여기서 테슬라 주가는 더 오를 것인가? 낙관론과 비관론이 충돌하고 있다. 낙관론의 근거는 여러 가지다. 테슬라의 압도적인 배터리 성능, 중국을 비롯한 세계시장에서의 전기자동차 수요 증가 등 자동차 사업뿐 아니라 일론 머스크가 공개적으로 추진 중인 친환경 재생에너지 사업에 대한 기대도 크다. 바이든 대통령이 취임하자마자 파리기후협약 복귀를 추진한 만큼 정책적 수혜도 기대된다. 반면 비관론자는 이런 재료들이 이미 주가에 반영되었다며, 600이 넘는 주가수익비율PER을 근거로 매도 의견을 내고 있다.

나는 낙관론에 힘을 실어주고 싶다. 주가는 단순히 너무 많이 올랐다는 이유만으로 하락하지 않는다. 올라갈 만한 이유가 있고, 사고 싶은 사람이 팔고 싶은 사람보다 많다면 주가는 더 오를 수 있다. 테슬라의 기술 우위는 명확하다. 비관론자도 테슬라의 기술력은 의심하지 않는다. 내가 실리콘밸리에 처음 왔던 2010년 초반부터 테슬라의 적자와 생존을 걱정하는 사람은 많았지만 전기차 성능을 의심하는 사람은 없었다. 그 후로 10년이 지났지만 여전히 테슬라를 위협할 수 있는 회사는 등장하지 않았다. 전문가는 테슬라와 후발 주자 사이에 최소 4~5년의 격차가 있다고 본다.

전기자동차 수요도 늘고 있다. 이미 '전기자동차=테슬라'의 공식이 자리 잡았다. 경쟁사들이 수년간 비슷비슷한 하이브리드 모델을 시장에 내놓았지만, 테슬라의 경쟁 상대라고 하기에는 많이 부족한 수준이다. 내 주변에도 테슬라 자동차를 타는 사람이 점점 늘고 있다. 몇 년 전까지만 해도 텅텅 비어 있던 회사 주차장의 전기차 충전 구역은 항상 꽉 차 있다. 최근 코인 관련 발언으로 빈축을 사고 있는 일론 머스크와 별도로 테슬라의 브랜드 이미지는 여전히 강력하다. 여기에 친환경 코드까지 더해져, 실리콘밸리의 의식 있는 프로페셔널이라면 테슬라를 타야 할 것 같은 생각이 자꾸 든다.

그동안 나는 현실적 이유로 전기차 구입을 망설였다. 미국은 전기가 110V라 충전 속도가 느리다. 가정용 충전소를 설치해도 충전 속도는 여전히 느리다. 테슬라를 타는 친구들을 보면, 급할 때는 슈퍼차저Super Charger를 찾아가 30분에서 한 시간씩 기다려서 충전한다. 배터리 용량이 좋아지고 있지만, 테슬라 모델Y의 완전 충전 주행거리는 300마일(약 500킬로미터)에 불과하다. 테슬라를 타고 멀리 여행을 가기에는 불안하다. 그래도 이제 마음이 바뀌었다. 테슬라를 타고 싶다. 출퇴근용으로 세컨드카를 장만한다면, 꼭 테슬라를 사려고 한다.

테슬라에서 일하는 친구들도 조심스레 낙관론을 펼친다. "주가가 많이 오르긴 했지만, 빠질 이유도 없다." 테슬라 주식을 보유하고 있다면 팔 이유는 없어 보인다. 추격 매수는? 물음표다. 기회비용을 생각하면 애플, 페이스북, 구글이 나아 보인다. 1년 만에 700%가 오른 테슬라의 상승 폭은 부담스럽다.

ETF계의 라이징 스타,
아크인베스트

테슬라 주가 폭등과 함께 스타로 떠오른 운용사가 아크인베스트Ark
Invest다. 자산 운용사 얼라이언스번스틴AllianceBernstein의 CIO 출신 캐시
우드Cathie Wood가 2014년 창업한 아크인베스트의 투자 대상은 첨단
기술 기업이다. 파괴적 혁신disruptive innovation에 가치를 두고 각종 혁신
기술을 가진 기업에 투자한다.

아크인베스트는 2020년 월가에서 가장 주목받는 운용사로 성
장했다. 캐시 우드가 수년 전 매입한 테슬라 주식이 크게 오르며, 아
크인베스트의 ETF들이 엄청난 성과를 거둔 덕분이다. 아크인베스트
의 대표 상품 아크 이노베이션 ETFARK Innovation ETF(NYSEARCA: ARKK)
는 2020년 한 해에만 150% 올랐다. 테슬라, 로쿠Roku(NASDAQ: ROKU,
온라인 스트리밍), 질로Zillow(NASDAQ: ZG, 온라인 부동산)의 주가 상승 덕분
이다.

이외에도 아크 제노믹 레볼루션 ETF ARK Genomic Revolution ETF(BATS: ARKG)는 180%, 아크 넥스트 제너레이션 인터넷 ETF ARK Next Generation Internet ETF(NYSEARCA: ARKW)는 150%, 아크 핀테크 이노베이션 ETF ARK Fintech Innovation ETF(NYSEARCA: ARKF)는 100% 가까이 상승했다. 2020년 미국 전체 ETF 성과 상위 10개 중 3개가 아크인베스트 ETF다.

창업자 캐시 우드 역시 스타덤에 올랐다. 그녀의 초창기 테슬라 매입 스토리는 유명하다. 2014년 아크인베스트 창업 당시 대다수의 투자자는 테슬라 주식이 고평가되었다며 매입하기를 꺼렸다. 그녀는 "테슬라 주가는 4000달러까지 갈 것(1:5 분할 전)"이라 호언장담하며, 테슬라의 포트폴리오 비중을 10%까지 높였다. 2018년 테슬라 주가가 하락하자 과감하게 추가 매수에 나섰다. 그녀의 예측은 정확히 맞았다. 2021년 1월 테슬라 주식은 800달러를 넘었다.

테슬라 성공 신화에 매료된 개인투자가들은 아크인베스트에 열광한다. 2020년 초 아크인베스트는 우주 산업에 투자하는 ETF(ARK Space Explorer ETF, ARCX) 출시 계획을 발표했다. 아크의 투자 소식이 발표되자마자 개인투자가들이 매입에 나서며 관련 종목이 모두 급등했다. 2020년 1월 14일 하루에 우주 기술 회사 버진갤럭틱홀딩스 Virgin Galactic Holdings(NYSE: SPCE)와 막서테크놀로지 Maxar Technologies(NYSE: MAXR)는 각각 약 19%, 위성통신 회사 이리듐커뮤니케이션스 Iridium Communications(NASDAQ: IRDM)와 오브콤 ORBCOMM(NASDAQ: ORBC)은 10% 상승했다. 아크 ETF에 직접 투자하는 것으로는 성에 차지 않는 개인투자가들이, 아크보다 한발 앞서 아크의 '매수 예정' 종목까지 사들이면서 벌어진 현상이다.

　과열을 우려하는 목소리도 크다. 블룸버그 뉴스는 "캐시 우드가 마법의 손가락을 이용해 아직 존재하지도 않는 펀드에서 이미 수익을 내고 있다"라며 비꼬았다. 리서치 회사 바론즈Barron's도 아크인베스트의 실체를 넘어선 인기를 지적했다.

　로빈후드의 밀레니얼 투자자들은 아랑곳하지 않는다. 아크인베스트가, 캐시 우드가 한다고 하면 일단 믿고 사는 분위기다. 2021년 들어 실적은 주춤하지만, 아크인베스트와 캐시 우드의 팬덤은 여전히 강해 보인다.

CHAPTER 5

실리콘밸리의 기술주 상장

2019~2020년

2020년 말을 달군 기업공개
에어비앤비, 도어대시

대장 기술주와 함께 미 증시 상승을 주도하는 이들이 신규 상장주다. 2019년 우버Uber(공유 차량), 리프트Lyft(공유 차량), 2020년 스노우플레이크Snowflake(클라우드), 팔란티어Palantir(빅데이터), 에어비앤비Airbnb(공유 숙박), 도어대시DoorDash(배달 서비스)가 미국 주식시장 톱 10 기업공개IPO 리스트에 이름을 올렸다.

코로나 사태가 한창인 2020년 기업공개 시장의 흥행은 누구도 예상하지 못한 일이었다. 2020년 미국 기업공개 시장에는 2019년의 2.5배가 넘는 자금이 몰렸다. 특히 2020년 말 에어비앤비와 도어대시의 상장 대박에 시장 참가자들은 흥분을 감추지 못했다.

도어대시는 미국판 배달의민족이다. 스탠퍼드대학교 출신

의 토니 수Tony Xu, 앤디 팽Andy Fang, 스탠리 탱Stanley Tang이 2013년 샌프란시스코에 설립한 미국 1위의 음식 배달 서비스 회사다. 2020년 시장점유율 49%로, 2위 우버이츠Uber Eats(22%)와 그럽허브 Grubhub를 큰 폭으로 앞선다. 미국 인구의 85%를 커버하고, 한 달 이용자 수는 1800만 명에 달한다. 대표적인 코로나 수혜주로서 주문 건수, 동일 매장 매출, 전체 매출이 2020년 급증했다. 경쟁사에 비해 음식 상태가 신선하고 배달 시간이 빠르다는 평가를 받는다.

2020년 중반 도어대시가 상장을 준비한다는 소식이 전해질 때만 해도 목표가는 80달러 수준이었으나, 최종 공모가는 102달러에 책정되었다. 2020년 12월 9일 상장과 동시에 도어대시 주가는 거의 190달러까지 급등했다.

도어대시 상장 하루 후인 12월 10일, 에어비앤비가 기업공개에 나섰다. 공모가 68달러의 두 배가 넘는 146달러로 거래를 시작해 144달러에 마감했고, 시가총액은 1016억 달러에 이르렀다. 직원의 4분의 1을 감원하는 과감한 비용 절감과 거주지 근처로 여행하려는 수요에 발빠르게 대응하며, 코로나 여행 감소로 인한 투자자들의 우려를 불식시킨 결과였다.

기업공개 후 주가 흐름은 달랐다. 상장 3개월 후 에어비앤비 주가는 180달러까지 상승했지만, 도어대시는 130달러로 상장 당일 190달러에서 30% 넘게 하락했다.

"도어대시 주식 140달러 아래면 매수"

웨이 팽, 도어대시 데이터 사이언티스트

팽은 도어대시 상장 6개월 전인 2020년 6월, 우버에서 도어대시로 이직했다. 베이징 이민자 출신인 그가 원하는 직장으로 이직할 수 있었던 것은 온라인 강좌로 익힌 머신러닝Machine Learning과 딥러닝 Deep Learning 기술 덕분이다.

▲   도어대시로 이직하기 전, 코세라Coursera에서 어떤 코스를 들었나?

●   코세라에서 딥러닝, 유다시티Udacity에서는 머신러닝 코스를 들었다.

▲   딥러닝하고 머신러닝이 어떻게 다른가?

●   딥러닝은 머신러닝 중 특화된 분야다. 뉴로네트워크neuro

network(인간 두뇌를 모방) 알고리즘을 적용해 이미지와 목소리를 처리한다. 예를 들어 자동차 이미지를 인식해 데이터로 전환하거나, 책을 이미지로 인식하고 번역한다. 딥러닝은 일반 머신러닝보다 복잡하고, 처리해야 하는 데이터의 양도 많다.

▲　　**얼마나 오래 걸렸나?**

●　　1년 반 정도 걸렸다. 일하면서 주말에 공부할 때는 진도가 잘 안 나가서 고생했다. 코스를 듣는 중간에 아이 둘이 연년생으로 태어나서 육아휴직을 두 번 썼는데, 그 기간을 잘 활용했다.

▲　　**코세라의 딥러닝 코스, 어땠나?**

●　　정말 좋았다. 앤드루 응Andrew Ng(코세라 창업자, 스탠퍼드대학 교수이자 인공지능계 권위자)의 수업을 직접 듣는 것 같았다. 수업 내용도 좋았다. 수업에서 알고리즘을 배우고, 그 알고리즘을 처리하는 과제가 잘 연결되어 있다. 음성 프로세싱 알고리즘을 배우고 나서, 노래 멜로디를 복제하는 과제가 나오는 식이다.

▲　　**도어대시로 이직할 때 코세라에서 배운 내용이 도움이 되었나?**

●　　도움이 되었다. 하지만 코세라 코스만으로는 부족했다. 혼자 공부하는 시간이 꼭 필요했다. 온라인 강좌는 이론적인 데다 기본만 다룬다. 실제 인더스트리에 적용하는 방법은 가르쳐주지 않는다.

▲   코세라 온라인 강좌만으로는 부족하다?

●   그렇다. 코세라 강좌는 기본기를 탄탄하게 가르쳐준다. 업무에 적용하려면 추가 과정이 필요하다. 블로그, 책, 포럼 등을 참고해 실제 사례를 따로 익혀야 한다. 두 가지를 다 해야 쓸모 있는 지식이 된다.

▲   보충 학습을 했나?

●   많이 했다. 데이터 사이언티스트가 모이는 온라인 포럼에 가면, 사람들이 올려놓은 자료가 많다. 어떤 알고리즘을 사용했는지, 데이터는 어떻게 분류했는지 참고했다. 코세라에서 배운 기본 지식을 실제 사례에 적용하는 과정이다.

▲   도어대시에서 하는 업무에도 도움이 되나?

●   머신러닝은 도움이 되는 것 같고, 딥러닝은 아직 도어대시에서 하는 프로젝트와 직접 관련은 없는 것 같다.

▲   도어대시에서 하는 프로젝트, 예를 든다면?

●   자세한 이야기는 할 수 없지만, 기본적으로 가격 책정(프라이싱) 알고리즘이다. 예를 들면 대셔Dasher(도어대시에서 음식을 배달하는 사람)들에게 지불하는 비용을 합리화 및 최적화한다. 고객에게 배달 요청이 들어오면, 시스템에서 배달비를 책정해서 대셔를 찾는다. 이때

배달 시간과 거리에 따라 공정하게 가격을 제시해야 한다. 그렇지 않으면 대셔들이 배달 요청을 거부하고, 그만큼 배달 소요 시간이 길어진다. 전체적인 서비스 질을 높이기 위해 중요한 문제다.

▲   도어대시 이야기를 좀 더 해보자. 개인적으로 도어대시 주식, 추천하나?

●   지금 190달러인데? 작년(2020년) 상장 당일 날 폭등했던 수준 아닌가. 140달러 아래면 사도 괜찮을 것 같다.

▲   도어대시 말고 추천하고 싶은 주식이 있다면?

●   나는 주식을 잘 몰라서⋯ 그냥 빅테크 기업에 분산 투자한다. 구글, 페이스북, 아마존 같은. 나는 보수적이어서 테슬라 같은 종목은 못 산다.

▲   보수적인 투자자?

●   그렇다. 금융도 잘 모른다. 지금은 돈이 좀 생겨서 예전보다 주식시장에 관심은 간다. 하지만 솔직히 나는 주식보다 부동산이 좋다. 지금 사는 집 말고, 투자용으로 구입한 작은 집이 하나 더 있다. 월세 수입도 있으니 좋다.

▲   이해한다. 집은 투자가 아니라, 라이프 스타일이기도 하니까.

●   아이가 생기고 나니 집이 먼저가 되더라. 원래 중국 사람들이 전통적으로 부동산을 선호하기도 한다.

▲   근데 돈이 생긴 건 도어대시 상장 덕분?

●   아, 뭐 관련이 없진 않다. 나보다 오래 다녔던 사람들은 더 대박이었겠지만, 상장 6개월 전 입사한 나도 공모가(102달러)보다 훨씬 낮게 주식을 받았다.

▲   얼마에 주식 받았는지 물어봐도 되나?

●   그건 비밀인데… 40달러 아래라는 것만 말해주겠다.

2020년 기업 상장의 절반은 스팩 상장

2020년 미국 기업공개 시장의 특징 중 하나는 스팩SPAC 상장의 급증이었다. 스팩은 기업인수목적회사Special Purpose Acquisition Company의 약자로, 말 그대로 기업 인수만을 목적으로 설립된 회사다. 2020년 미국 시장에서는 200개 이상의 스팩이 800억 달러 규모의 기업공개에 나섰다. 조달액 기준으로 2019년(136억 달러)의 다섯 배가 넘는다.

기업이 주식시장에 상장되는 일반 기업공개와 달리, 스팩은 스팩 자체가 상장된다. 스팩의 설립자(주로 기관투자가)들은 일단 투자금을 모집하고, 스팩을 상장한 이후에 대상 기업을 물색하기 시작한다. 설립 후 1년 반에서 2년 내에 모집한 자금의 80%를 투자하지 않은 스팩은 자동 소멸된다. 일반 상장이 '기업이 주식시장에서 투자금을 모집'하는 과정이라면, 스팩 상장은 투자금이 먼저 모집된 후 기업을 찾는다. 투자금과 기업을 찾는 순서가 반대라고 할 수 있다.

기업 입장에서 스팩의 첫 번째 장점은 스피드와 안정성이다. 일반 상장에는 일반적으로 4~6개월이 소요되지만, 스팩 상장은 평균 3개월이면 충분하다. 개인투자가를 대상으로 하는 일반 상장과 달리 스팩 투자자들은 대부분 기관이다. 증권거래위원회SEC 의 심사도 덜 까다롭고, 무엇보다 안정적이다. 이미 투자금이 모집되어 있는 데다, 공모가나 시초가에 대한 불확실성도 줄일 수 있다. 전 세계를 도는 상장 로드쇼 대신 몇몇 기관투자가만 상대하면 되므로, 실사Due Diligence도 간단한 편이다.

역대 최악의 상장,
우버

2020년 에어비앤비와 도어대시가 역대급 '대박' 상장이라면, 2019년 우버 상장은 아직까지도 역대 최악의 상장 중 하나로 꼽힌다. 상장 당일(2019년 5월 10일) 주가가 8%(45달러→ 41.6달러)나 폭락했고, 1200억 달러(133조 원)에 달할 것이라는 기업 가치는 700억 달러(77조 원)로 떨어졌다. 희망 가격은 물론 직전 펀딩 때 받은 밸류에이션(760억 달러)에도 못 미치는 충격적인 결과였다. 마켓워치 MarketWatch는 우버를 역대 최악의 IPO 톱 5 중 하나로 꼽기도 했다.

성희롱 논란 등으로 2017년 CEO에서 사퇴한 창업자 트래비스 칼라닉Travis Kalanick은 그해 말까지 25억 달러에 달하는 자신의 지분 90%를 매각하며 우버와의 관계를 정리했다. 우버 주가는 그후 30~40달러 수준에서 횡보했다. 차량 호출 서비스의 성장은 정체되고, 적자 폭도 여전했다. 2020년 코로나 봉쇄령과 함께 여행 및 이동 수요 감소로 우버 주가는 20달러대로 떨어졌다.

주가 반등의 계기를 마련해준 것은 2020년 11월 대선이었다. 대통령 선거와 함께 치러진 주민발의안(Prop 22)에서 유권자들은 우버의 손을 들어주었다. 우버 운전자를 직원이 아닌 독립 계약자로 분류함으로써, 우버는 이들에 대한 최저임금과 고용보험 부담에서 벗어나게 되었다. 2020년 말 우버 주가는 50달러를 돌파했고, 기업 가치도 900억 달러(99조 원)를 넘었다. 2021년에도 우버 주가는 50달러 후반대를 유지 중이다.

Prop 22, 우버 드라이버는 정직원이 아니다

미국 선거는 대통령 선거일에 다양한 투표가 동시에 치러진다. 각 주 사정에 따라 상하원, 주지사, 시장 선거와 다양한 법안이 한꺼번에 투표에 부쳐지는 것이다. 2020년 11월 3일 대통령 선거 결과만큼 실리콘밸리 지역에서 이슈가 된 것이 주민발의안(Prop 22)의 통과 여부였다.

Prop 22의 요지는 AB법의 무력화다. AB5법이란 캘리포니아의 '독립 계약자 분류 강화' 법이다. 2019년 우버 운전자에 대한 처우 문제가 불거지며, 캘리포니아 다수당인 민주당을 중심으로 우버와 리프트 드라이버를 정직원으로 채용하고 보호해야 한다는 논의가 시작되었다. 그 결과 탄생한 AB5법은 드라이버를 정직원으로 채용하고, 최저임금과 고용보험 등의 혜택을 제공할 것을 강제하고 있다.

우버는 AB5에 즉각 반발했다. CEO 다라 코스로샤히Dara Khosrowshahi는 방송에 출연해, "AB5가 폐지되지 않으면 캘리포니아를 떠날 수밖에 없다"라며 호소했다. 법정 소송도 이어졌다. 우버와 리프트의 주장은 자신들을 AB5의 예외로 해달라는 것이었다. 우버와 리프트는 택시나 버스 회사 같은 운송 업체가 아닌 테크 기업이기 때문에, 운전자는 회사의 중요 사업을 담당하는 직원이 아닌 독립노동자일 뿐이라는 논리다.

샌프란시스코 연방법원은 두 회사의 주장을 받아들이지 않았다. 2020년 8월 AB5법의 강제 시행 명령이 떨어졌고, 우버는 항소했지만 패했다. 우버가 마지막 수단으로 선택한 것이 Prop 22다. 법원이 운전자의 손을 들어준 이상, 남은 것은 주민에게 직접 호소하는 방법뿐이었다.

우버는 Prop 22 통과를 위해 역대 최고 수준의 자금을 쏟아부었다. AB5가 적용될 경우 타격을 받을 수 있는 리프트, 인스타카트Instacart, 포스트메이트Postmate(음식 배달 앱으로, 2020년 6월 우버에 인수)와 연

대해 2억 달러(2200억 원)가 넘는 돈을 Prop 22 홍보에 썼다.

당근과 채찍 전략을 병행했다. 한편에서는 Prop 22가 통과되지 않으면 캘리포니아에서 철수하겠다고 협박을 하고, 다른 편에서는 주당 15시간 이상 일하는 운전자에 한해 건강보험과 자동차보험 혜택을 주겠다는 방침을 밝히며 반대 여론을 달랬다.

우버의 전략은 성공했다. 결국 캘리포니아 주민은 발의안을 찬성 58.3%로 통과시켰다.

상장 후 우버?
미래 신사업 없애고 세 차례 대량 감원

윤도영, 우버 시니어 데이터 사이언티스트, 스탠퍼드 경영대학원 박사

▲   언제부터 우버에 근무했나?

●   2019년 1월부터다. 2018년 여름에 인턴십을 하고 오퍼를 받았다.

▲   데이터 사이언티스트 업무는?

●   크게 두 가지로 보면 된다. 첫째, 기존 데이터를 분석해 현재 회사 상황이 어떤지 판단하고, 둘째, 문제를 해결할 알고리즘을 짜는 것이다. 고객이 우버를 콜했을 때 얼마의 가격을 제시할 것인지 짜는 프라이싱 알고리즘, 어떤 드라이버를 매칭할 것인지 정하는 매칭 알고리즘 등 여러 가지가 있다. 우버는 여러 가지 알고리즘이 많이 필요한 회사라, 데이터 사이언티스트의 역할이 중요하다.

▲　　　창업자 트래비스 칼라닉이 나간 직후 여름 인턴을 했다. 분위기는 어땠나?

●　　　우버의 평판이 안 좋아서 걱정했었던 것에 비하면 분위기가 좋았다. 이미 TK(트래비스 칼라닉)가 나간 후고, 문제를 일으켰던 사람들도 우버를 떠난 뒤였다. 회사가 이미지 쇄신을 위해 노력을 많이 한다는 느낌을 받았다.

▲　　　2019년 1월 풀타임으로 조인했을 때는 상장(2019년 5월) 직전이었겠다.

●　　　그렇다. 상장이 기정사실화되면서 회사가 무척 들떠 있었다. 사람도 많이 뽑았다. 그 전해에 나랑 같이 여름 인턴을 했던 사람은 총 여섯 명인데, 1월에 풀타임으로 조인한 사람은 열다섯 명이었다. 재미있는 프로젝트도 많았다. 상장을 준비하면서 회사가 이미지 쇄신에도 더 열심이었다. 상장일이 다가오자 내부 정보 유출에 대해 다들 예민해졌던 기억도 난다.

▲　　　상장 날은 기억하나?

●　　　물론이다. 직원들끼리 모여서 술을 엄청 마셨다. 정말 많이 취했었다. 태어나서 가장 많이 마신 것 같다.

▲   우버에 오래 근무한 직원들은 좋았을 것 같다.

●   맞다. 우버 초기에 조인한 매니저, 디렉터급은 주식으로 돈을 많이 벌었을 거다. 사실 주식 수나 가격에 상관없이 상장은 다 좋은 일이다. 직원 입장에서는 어쨌든 종잇조각이었던 주식이 진짜 돈이 되는 순간이니까.

▲   우버 직원들은 상장 후 주식을 많이 팔았나?

●   제일 많이 판 사람이 TK 아닌가(웃음). 회사 임원들은 한꺼번에 마음대로 팔지 못하는 것 같았다. 한꺼번에 너무 많이 팔면, 회사에서 눈치를 준다고 들었다.

▲   상장 후에 무엇이 달라졌나?

●   회사가 단기 성과에 집중하게 되었다. 여름 인턴 때(상장 전) 우버가 좋았던 이유 중 하나는 재미있는 프로젝트가 많아서였는데, 상장하고 나서 거의 다 없어져버렸다.

▲   어떤 프로젝트가 없어졌나?

●   미래 신사업('other ventures')으로 분류되던 대부분이 없어졌다. 점프 바이 우버Jump By Uber(자전거 공유), 우버 스쿳Uber Scoot(전동 킥보드), 우버 ATG(자율주행), 우버 엘리베이트Uber Elevate(플라잉 카) 사업부가 전부 없어졌다. 팀원도 다 나갔다.

▲ 감원이 많았나?

● 2년 동안 총 세 차례 대량 감원이 있었는데, 마지막이 코로나다. 전부 전체 인원의 10~20%를 자르는 대규모 감원이었다.

▲ TK가 떠나고 우버 문화를 바꾸려는 시도가 많았다. 다양성, 포용성 강조 등. 지금 시점에서 우버 기업 문화, 어떻게 평가하나?

● 많이 좋아졌다. 다양성, 성 평등 교육도 자주 한다. 인턴 할 때에 비하면 여자 엔지니어의 비율도 훨씬 높다.

▲ 코로나 재택근무는 어땠나?

● 적응은 했지만, 생산성이 떨어진 것은 사실이다. 구글이나 페이스북과 우버는 업무 강도가 다르다. 샌프란시스코의 스타트업들도 마찬가지다. 팀원들끼리 얼굴 보고 해야 하는데 재택근무로는 역부족이다. 코로나가 끝나면 100% 사무실로 복귀할 거다.

▲ 우버에게 아쉬운 점이 있다면?

● 취업 비자 추첨에 떨어진 외국인 직원은 나갈 수밖에 없는 구조다. 추첨에 떨어진 동료들은 글로벌 로테이션 프로그램이 있는 구글이나 페이스북 같은 곳으로 이직한다.

신규 기업공개 투자,
ETF로도 할 수 있다

신규 기업공개 종목 투자를 반드시 개별 종목으로 할 필요는 없다. 일반 주식보다 신규 기업공개 종목 투자는 더 어렵다. 공개된 기업 정보가 적기 때문에 언제 얼마에 상장이 될지 예측하기란 불가능에 가깝다. 상장 직후에는 가격 변동성도 크다. 도어대시와 에어비앤비, 우버의 예처럼 신규 상장주의 중장기 전망은 천차만별이다.

기업공개 시장의 활황을 예상하는 투자자를 위해, 신규 상장 종목에 분산 투자하는 대표 IPO ETF 두 종류를 소개한다.

① 르네상스 IPO ETF(IPO)

Renaissance IPO ETF

▲

신규 상장 기업 중 테크 섹터에 집중하고 싶은 사람에게 적합하다. 테크 섹터가 44%를 차지하며, 헬스케어와 통신 분야가 그다음으로 높은 비중이다. 모더나Moderna, 우버Uber, 줌Zoom이 투자 비중 1, 2, 3위다. 신규 종목은 상장 후 5거래일 동안 가격 등락과 유동성을 평가한 후 편입된다. 2020년 12월 기준으로 49개 종목에 분산 투자되어 있다. 설정액은 약 4억 6000만 달러(5000억 원), 하루 거래량은 26만 주로 유동성도 좋은 편이다. 2020년 1년간 115% 상승했다.

② 퍼스트 트러스트 US 에쿼티 어포츄니티즈 ETF(FPX)

First Trust US Equity Opportunities ETF

▲

신규 상장 기업 중 거래량이 많고 유동성이 좋은 기업에 투자한다. 상장 초기 가격 변동성을 피하기 위해 상장 후 100일이 지난 기업만 편입 후보가 된다. 르네상스 IPO ETF보다 더 많은 종목에 분산 투자한다. 총 100여 개 종목을 시총market capitalization 비율에 맞춰 편입한다(2020년 12월 기준). 섹터 비중은 르네상스 IPO ETF와 비슷하다. 테크, 헬스케어, 통신 분야 순이다. 설정액은 18

억 달러(2조 원), 하루 거래량은 11만 주다. 2020년 1년간 46% 상승했다.

2021 기업공개 시장의 새로운 변수
직상장

2021년 기업공개 시장의 새로운 변수는 직상장Direct Listing이었다. 2020년 12월 22일, 미 증권거래위원회SEC는 뉴욕증권거래소NYSE 에서 신규 발행주의 직상장을 허용하기로 했다고 밝혔다. 이전에 직상장은 기존 주주의 보유 부분에 대해서만 허용되었다.

블룸버그는 이를 '실리콘밸리의 승리'라 보도했다. 상장 기업 입장에서 투자은행과 기관투자가에게 돌아가는 비용을 줄이고, 주가 상승의 이익을 모두 가져갈 수 있게 되었기 때문이다.

일반 상장의 경우 대형 투자은행과 기관투자가가 상장에 앞서 주식의 일부를 미리 인수(프리세일Pre-sale)한 뒤 일반 투자자에게 공개한다. 도어대시나 에어비앤비처럼 상장 첫날 주가가 폭등하는 경우, 미리 주식을 확보한 투자은행과 기관투자가는 큰 이득을 보게 된다. 기업과 직원이 가져가야 할 이득을 이들이 가로채는 것이다. 짐 크레이머Jim Cramer(헤지펀드 매니저이자 CNBC의 유명 주식 방송 진행자)는 에어비앤비와 도어대시의 상장을 보며 "투자은행들은 부끄러워해야 한다"라고 일침을 놓았다.

직상장은 이러한 프리세일을 없애고 상장된 모든 주식을 바로 일반 투자자가 인수하도록 한다. 비싼 로드쇼를 할 필요가 없고 자문료도 싸기 때문에 기업 입장에서는 비용 절감 효과가 있다. 프리세일의 선점 효과를 잃게 된 투자은행과 기관투자가는 직상장 허용 확대에 반대했지만, 막지는 못했다.

직상장 확대는 기업의 금융 비용을 줄이고 자본 접근성을 높이는 차원에서 반가운 변화다. 직상장을 선택하는 기업의 수는 시간이 갈수록 늘고 있다. 이미 스포티파이Spotify(NYSE: SPOT, 음악 스트리밍), 슬랙Slack(NYSE: WORK, 회사용 메신저), 팔란티어Palantir(NYSE: PLTR, 빅데이터)가 일반 상장 대신 직상장을 선택했다. 2021년 초에는 로블록스Roblox(NYSE: RBLX)가 직상장 계획을 발표했다.

CHAPTER 6

실리콘밸리의 기술주 상장

—

2021년

어펌,
밀레니얼의 온라인 할부 결제

2021년 테크 상장 랠리의 첫 스타트를 끊은 기업은 어펌Affirm (NASDAQ: AFRM)이다. 1월 13일 상장한 어펌의 주식은 첫날 공모가 49달러에서 두 배 가까이 상승한 90.9달러에 마감했다. 당일 마감액 기준 시가총액은 236억 달러(26조 원)에 달했다.

샌프란시스코에 본사를 둔 어펌은 페이팔Paypal의 공동 창업자 중 한 명인 맥스 레브친Max Levchin이 2012년 설립한 온라인 할부 대출 및 지불 서비스 업체다. 어펌의 서비스는 간단하다. 온라인 쇼핑몰에서 물건을 구매할 때 할부로 살 수 있게 해주는 것이다.

한국처럼 할부 서비스가 일반적이지 않은 미국에서 온라인 할부 결제는 획기적인 서비스다. 미국에서는 비싼 물건을 구매해도 할부할 수 있는 경우가 거의 없다. 가구나 보석 같은 비싼 물품을 할부로 사려면 신용카드 신규 발급과 비슷한 수준의 절차가 필요하다. 나도 예전에 침대 매트리스를 12개월 할부로 구매하려 했다가 몇 시간이 걸리는 승인 심사에 지쳐 구매를 포기한 적이 있다.

신용카드 서비스도 엉망이다. 자동이체를 걸어놨다가 실수로 잔고가 부족해지면 수십 달러의 마이너스 잔고overdraft 벌금을 물린다. 서비스센터에 전화하면 환불을 해주기는 하는데, 최소 한 시간은 ARS 및 상담원 여럿과 싸울 각오를 해야 한다. 고객들이 실수로 무는 벌금과 연체료가 신용카드사의 주요 수입원이다.

어펌은 이런 현실을 비판하며 설립된 회사다. 설립자 맥스 레브친은 회사의 미션을 '당신의 삶을 개선할 정직한 금융상품 제공Delivering honest financial products that improve lives'으로 정했다. 그는 신용 카드 회사가 고객의 실수나 불운에 기대서만 돈을 벌고 있다고 비판하며, 결제 시스템도 변화할 때가 왔다고 주장했다.

어펌은 기본적으로 무이자 할부를 추구한다. 고객은 이자 없이 6~48개월 할부로 온라인에서 상품을 구매할 수 있다. 연체료 도 없다. 어펌이 이러한 공격적 정책을 펼칠 수 있는 이유는 자체 개발한 신용평가 모델 덕분이다. 비싼 연체료나 벌금을 물리지 않고도 정확한 신용평가를 통해 연체율 리스크를 관리하는 것이다.

어펌은 엔지니어가 직원의 절반을 차지한다. 그들이 개발한 어펌의 알고리즘은 엄청난 양의 데이터를 머신러닝으로 학습해 일반 신용평가보다 빠르고 정확하다고 알려져 있다. 신용평가 점수credit score(미국의 개인 신용등급)에서 고려하지 못하는 요소까지 적용해 연체율을 예측한다. 어펌은 자체 신용평가 모델을 통해 채무 불이행률을 매우 낮은 수준에서 관리하고 있다. 분석 데이터를 가맹점에 제공해 수익성 개선과 고객 유치에 도움을 주기도 한다. 어펌이 대표적인 핀테크 스타트업으로 평가받는 이유다.

어펌이 제출한 예비상장심사 서류(S-1)에 의하면, 어펌의 고객 수는 약 620만 명이다. 온라인 할부는 한국에서 당연한 일이지만, 미국에서는 혁신적 시도다.

포시마크,
미국의 패션 당근마켓

어펌 다음에 상장 대박을 친 회사가 포시마크 Poshmark (NASDAQ: POSH)다. 2021년 1월 15일, 42달러로 출발한 포시마크 주가는 상장 첫날 140%의 상승률을 기록하며 101.5달러에 마감했다.

포시마크의 비즈니스는 한국의 당근마켓과 비슷하다. 중고 의류, 신발, 액세서리를 온라인으로 판매한다.

포시마크의 차별점은 소셜미디어다. 포시마크 앱은 쇼핑몰보다 인스타그램 같은 소셜미디어에 가깝다. 패션 스타일을 검색하면 옷이 아니라 옷을 판매하는 판매자 채널이 추가된다. 구매자는 판매자를 팔로우하고, 상품을 구매하지 않아도 '좋아요'나 댓글을 달 수 있다. 판매자와 구매자 사이에 관계가 형성되며 자연스럽게 신뢰가 쌓이고, 구매로 이어진다.

"포시마크의 가장 큰 장점은 판매자와 구매자 간의 신뢰다. 매출의 80%가 재구매에서 발생한다." 창업자 마니시 찬드라Manish Chandra의 말이다.

포시마크는 코로나 수혜주이기도 하다. 불확실한 경제 상황에서 지출을 줄이려는 젊은 고객이 인터넷 중고 거래로 몰렸다. 중고품을 팔아 부수입을 올리려는 사람들이 늘면서 판매자도 증가했다.

중고 옷만 팔아서 장사가 될까? 포시마크가 공식적으로 밝힌 구매자는 6000만 명, 판매자는 700만 명이다. 2019년 설문조사에서, 미국 여성의 60% 이상이 포시마크를 이용해본 적 있다고 대답했다.

포시마크 판매자 다섯 명 중 한 명은 전업 판매자라는 조사 결과도 있다. 100만 명이 넘는 사람들이 풀타임으로 포시마크 셀러로 활동하고 있는 것이다.

이들이 쓰는 방법은 간단하다. 코로나 봉쇄령으로 망한 상점들을 찾아 헐값에 재고를 사들인 뒤, 포시마크에서 파는 것이다. 폐점하는 중저가 신발 브랜드 알도Aldo 스토어에 가면 100달러짜리 구두를 90% 할인해 10달러에 살 수 있다. 새 물건이라는 해시태그를 달고 예쁘게 사진을 찍어 올리면, 포시마크에서 20달러 정도에 팔린다. 이렇게 100켤레를 팔아 1000달러의 수입을 올린 실제 사례가 보도되기도 했다.

미국처럼 쇼핑몰이 먼 교외 지역에 위치하고 온라인 판매망이 발달하지 않은 곳에서나 가능한 일이다. 도심에서 한 시간 거리에 있는 쇼핑몰까지 가서 10달러를 주고 사느니, 포시마크에서 20달러를 주고 사는 편이 낫다. 알도 스토어 역시 폐점 재고를 처리할 수 있는 방법이 없기는 마찬가지니, 포시마크 셀러가 열심히 물건을 떼다 팔아주면 고마운 일이다.

범블,
여성을 위한 데이팅 앱

2021년 2월에는 범블Bumble(NASDAQ: BMBL)이 기업공개에 나섰다. 범블은 틴더Tinder와 함께 미국 데이팅 앱 시장을 리드하는 회사다. 시장점유율은 틴더가 1위, 범블이 2위다. 범블은 야구 선수 강정호의 스캔들을 계기로 한국에 알려졌다. 성폭행 혐의를 받던 그가 상대 여성을 만나는 데 이용한 앱이 바로 범블이다. 상장 첫날 공모가 대비 77% 상승한 76달러에 마감하며 23억 달러(2조 5000억 원) 조달에 성공했다.

범블의 원조 경쟁자 틴더는 상대의 프로필 사진을 옆으로 미는 '스와이프swipe' 기능으로 히트를 쳤다. 상대가 마음에 들면 오른쪽, 마음에 들지 않으면 왼쪽으로 스와이프 해서 넘기는 기능이다. 스와이프 기능 덕에 틴더는 업계 1위로 올라섰다. 이후 범블과

많은 데이팅 앱이 스와이프 기능을 사용하게 되었다. 이용자 수가 늘면서 상대를 외모로만 판단하는 외모 지상주의를 조장하고 혹업 앱hookup app(하룻밤 관계를 위한 앱)으로 전락했다는 비판도 생겼다.

범블의 가장 큰 특징은 여자만 대화를 시작할 수 있다는 점이다. 남녀가 상대의 프로필을 보고 마음에 들어 커넥션이 만들어져도 여자 쪽에서만 말을 걸 수 있다. 여자가 말을 걸지 않으면 커넥션은 24시간 내에 사라진다. 여성 위주의 앱인 셈이다. 범블은 남녀 상관없이 큰 인기를 끌었다. 여자가 말을 거는 시스템은 여자나 남자나 모두 좋아한다.

이용자들은 말한다.

"틴더는 혹업 앱이에요. 남자들은 스와이프 하면서 전부 OK를 눌러요. 이 중에 한 명만 걸려라는 식이죠. 범블에서는 여자들이 그렇게 랜덤하게 말을 걸지 않아요. 진짜 맘에 들어야 말을 거니까 매칭 확률이 높죠. 남자들도 여러 여자를 접촉해서 꾀는 시간과 노력을 아낄 수 있으니까 범블을 좋아해요."

"틴더는 혹업 앱이니까 연령대가 낮죠. 나이를 조금 더 먹고 진지한 만남을 원하면, 범블이 나아요."

범블 창업자 중 한 명인 휘트니 울프 허드Whitney Wolfe Herd는 범블을 '100% 페미니스트 앱'이라고 부른다. 허드는 틴더의 공동 창업자 중 한 명이기도 한데, 틴더에서 성차별적 경험을 하고 퇴사한 후 범블을 설립했다. 그녀는 나중에 틴더를 성희롱 혐의로 고소해 100만 달러(11억 원)의 합의금을 받아내기도 했다.

범블 역시 코로나 수혜주다. 코로나 사태 직전 범블의 주가 전망은 어두웠다. 틴더와 힌지Hinge 등 15개 이상의 회사가 경쟁 중인 데다, 고객은 온라인 데이트에 대한 피로감을 호소하고 있었다. 사용자 수와 이용 시간 역시 정체되는 추세였다. 그러다가 2020년 3월 코로나 봉쇄령이 전국적으로 시행된 후 범블의 메시지 수와 사용 시간이 모두 급증했다. 2019년에 화상 데이트 기능을 미리 추가해놓은 것도 범블이 경쟁자보다 앞설 수 있었던 이유다. 화상 데이트 서비스 이용량은 2020년 3월 한 달 동안만 116% 급증했다. 평균 사용 시간은 30분에 달했다.

엔지니어 인구가 많이 거주하는 실리콘밸리의 산호세San Jose는 남자가 많다는 뜻에서 맨호세Men Jose라는 별칭을 가지고 있다. 코로나 시대에 맨호세에서 연애를 하려면 데이팅 앱이 필수다.

24세 여자가 창업자라고 하면, 회사가 우스워 보인다

휘트니 울프 허드의 소송은 미국 스타트업 세계의 현실을 보여주었다. 허드는 20대 초반에 동업자 다섯 명과 함께 틴더를 설립했

다. 허드의 주장에 따르면, 틴더는 여섯 명의 공동 창업자 중 그녀에게만 '창업자' 타이틀을 허용하지 않았다. 24세 여성이 창업자가 될 경우 "회사가 우스워 보인다makes the company seems like a joke"는 이유였다. 그녀는 자신이 틴더의 창업에 중추적 역할을 했음에도 불구하고 나이가 어린 여자라는 이유만으로 정당한 대우를 받지 못했다고 주장했다.

허드는 창업자 중 한 명인 저스틴 마틴Justin Martin과 사귀었다. 허드의 주장에 따르면, 관계가 틀어진 후 마틴은 허드를 공개석상에서 여러 차례 '창녀'라고 불렀고, 허드가 다른 남자와 말을 하거나 식사하는 장면을 볼 때마다 협박 문자를 보냈다. 허드는 틴더 인사부에 마틴의 부적절한 행동을 보고했지만, 회사는 아무 행동을 취하지 않았다고 한다. 허드는 결국 틴더를 떠나 '페미니스트' 데이팅 앱 범블을 창업했다. 그녀의 나이 25세 때의 일이다.

나이 어린 여자라고 창업자 타이틀을 박탈당한 허드의 아픔에 나는 깊이 공감한다. 27세에 외국계 은행에서 내부 직급 이사VP로 진급했을 때, 인사부는 내게 외부 직함은 과장으로 유지하라고 권고했다. 이유는 똑같았다. "나이 든 고객이 볼 때 회사가 우스워 보인다."

로블록스,
'초통령' 게임 개발 앱

네 번째 주자는 미국에서 자녀가 있는 사람이라면 모르는 사람이 없다는 '초통령' 게임 플랫폼 로블록스Roblox(NYSE: RBLX)다. 2021년 3월 10일 상장, 시가총액 380억 달러(42조 원)를 달성했다.

로블록스에서 사용자는 게임을 제작하고, 다른 사용자가 만든 게임도 즐길 수 있다. 어린이들은 로블록스 플랫폼에서 직접 게임을 디자인해 그 게임 속에서 아바타가 된다. 친구를 초대해 같이 게임을 하면서 채팅을 한다. 사용자가 아바타를 통해 가상공간에서 체험할 수 있다는 면에서 메타버스Metaverse(3차원 가상세계) 플랫폼으로도 불린다.

스탠퍼드대학 출신 데이비드 바수츠키David Bazucki와 코넬대학 출신 에릭 카셀Eric Cassel이 2004년 실리콘밸리 샌마테오San Mateo

에서 공동 창업했다. 초창기 사업은 부진했지만, 코로나 봉쇄령 이후 이용자 수가 폭발적으로 증가했다. 2020년 하루 평균 사용자(3110만 명)는 2019년(1760만 명)의 거의 두 배로 늘었다. 로블록스 측은 "9~12세 미국 어린이 중 75%가 로블록스를 이용한다"라고 밝혔다. 16세 이하의 사용률도 50%에 달한다.

사용자 수뿐 아니라 유저 사용 시간도 같이 늘면서 2020년 로블록스의 매출도 70% 가까이 성장했다. 주된 수입원은 가상화폐 로벅스Robux다. 로벅스를 통해 게임에서 특별한 능력을 사거나 아바타를 업그레이드하는데, 어린이들을 대상으로 하는 로벅스 사기가 한동안 문제가 되기도 했다.

메타버스란?

로블록스의 상장 전략은 '메타버스Metaverse'다. 메타버스는 '가공' 혹은 '초월'을 의미하는 단어 '메타meta'와 '현실 세계'를 의미하는 단어 '유니버스universe'의 합성어다. 온라인 가상세계에서 개인 유저는 아바타의 모습으로 현실 활동을 이어간다. 메타버스란 말은 1992년 소설《스노 크래시Snow Crash》에서 처음 등장했는데, 가상의 신체인 아바타를 통해서만 들어갈 수 있는 가상의 세계를 뜻하는 말로 사용되었다. 현재는 게임, 엔터테인먼트, 기업 간 업무 환경에서 가상공간에 일상의 행위를 복제하는 경우 광범위하게 활용하고 있다.

로블록스 CEO 바수츠키의 설명에 따르면, 메타버스는 일상의 행위를 복제하지만 현실과는 확실히 다르다. 예를 들어 메타버스의 자동차는 실제 자동차와 달리 엔진, 브레이크, 바퀴가 없을 수 있고 살아 있는 생명체일 수도 있다. 메타버스의 아바타 역시 현실의 내가 아닌 가상 자아virtual identity를 가지고 활동한다. 현실과 연관 있지만 현실은 아닌 것이 메타버스다. "고대 로마 역사를 현실 세계에서 공부하던 중학생은 메타버스 안에서 고대 로마로 시간 여행을 갑니다. 불멸의 존재가 될 수도 있고, 무적의 용사가 될 수도 있지요."

바수츠키는 더 나아가 로블록스를 인쇄술과 비교한다. 인쇄술의 발전으로 책이라는 물건이 처음 등장했을 때, 나이 든 사람들은 어린 사람들이 책을 너무 많이 읽는다고 걱정했었다. 지금의 로블록스 때문에 아이들이 영상을 보고 게임을 하는 것도 같은 맥락에서 이해해야 한다는 주장이다.

"사람들이 얼마 지나지 않아 책 읽는 것에 익숙해졌듯, 로블록스를 통해 비디오와 게임에 익숙해질 날이 머지않았습니다. 그때 부모님들은 자녀들에게 책 좀 그만 읽고 게임 좀 하라고 잔소리를 하게 될 거예요."

유튜브 크리에이터가 유튜브 콘텐츠로 돈을 벌 듯이, 로블록스에서 게임 제작자는 게임과 아이템으로 수익을 얻는다. 〈월스트리트저널〉에 따르면, 2020년 700만 명의 게임 제작자가 약 2억 5000만 달러(2750억 원)를 벌어들였다. 2019년의 두 배가 넘는 수치다. 상위 제작자 그룹은 연간 100만 달러 이상 수입을 올리기도 한다. 총 1800만 개의 게임 중 10억 회 이상 플레이된 게임이 20개, 100만 회 이상 플레이된 게임이 5000개 이상이다.

로블록스의 기업 상장은 원래 2020년으로 예정되어 있었다. 그러나 2020년 12월 에어비앤비가 상장된 바로 다음 날 열린 이사회에서 로블록스는 상장 연기를 결정했다. 시장은 도어대시와 에어비앤비의 대박을 본 로블록스의 타이밍 재기로 해석했다.

로블록스의 선택은 직상장이었다. 2021년 1월, 로블록스는 5억 2000만 달러의 추가 펀딩과 함께 직상장 계획을 발표했다. 동시에 발표된 기업 가치(295억 달러)는 2020년 2월 받은 밸류에이션의 일곱 배다. 1년도 안 되는 기간에 일곱 배로 몸집을 키운 로블록스에 시장 참가자의 이목이 쏠리는 것은 당연했다.

로블록스는 원래 물리 교육 프로그램, 10년 전 어린이 사용자가 현재 '슈퍼 제작자'

이수겸, 로블록스 시니어 소프트웨어 엔지니어

이수겸은 9세 때 코딩을 시작하고, 마이크로소프트 MVP로 활동한 풀스택 엔지니어다. 《기계는 어떻게 생각하는가?》의 역자이기도 하다.

▲　　　요즘 로블록스가 정말 핫하다.

●　　　정말 그렇다. 원래 미국에서 애들 있는 부모라면 모르는 사람이 없긴 했는데, 요즘은 한국에서도 물어본다.

▲　　　로블록스 주식에 대해?

●　　　아니, 부모님들이 애들 교육에 로블록스가 도움이 되는지 물어보신다.

▲　　　아, 도움이 되나?

●　　　물론이다. 로블록스가 원래 물리 교육에서 출발하지 않았나. 로블록스 공동 창업자 데이비드 바수츠키는 1989년 물리 교육 시뮬레이션 인터랙티브 피직스Interactive Physics를 개발한다. 후에 에릭 카셀(로블록스 공동 창업자)과 인터랙티브 피직스를 게임용으로 변형, 발전시킨 것이 오늘날 로블록스다.

▲　　　**로블록스에 2018년에 조인했다. 당시 로블록스는 어땠나?**

●　　　지금보다 훨씬 작았다. 직원이 200명 정도였다(2021년 현재 약 830명).

▲　　　**어떻게 로블록스에 관심을 가지게 되었나?**

●　　　로블록스 리쿠르터가 회사를 소개하면서 미국 트윈tween(8~12세 어린이)들의 75%가 로블록스 사용자라고 했다. 그런 회사를 어떻게 내가 모를 수 있지? 호기심이 들어서 리서치를 시작했다.

▲　　　**리서치 결과는?**

●　　　좋은 회사라고 생각했다. 5~6년이면 유튜브처럼 메인스트림으로 갈 가능성이 높다고 판단했다. 코로나 때문에 생각보다 빨리 메인스트림이 되었다.

▲　　좋은 회사라고 생각했던 근거는?

●　　2018년에 이미 어린이 커뮤니티가 확실히 자리 잡혀 있었다. 마인크래프트Minecraft 등 다른 경쟁자들에 비해 잘 자리 잡힌 커뮤니티에서 좋은 콘텐츠가 계속 나왔다. 기술적으로 봤을 때 게임 퀄리티는 높지 않았지만, 아이들이니까 상관없이 즐기는 모습이었다.

▲　　로블록스 커뮤니티가 더 잘 자리 잡을 수 있었던 이유는 무엇이었을까?

●　　이건 회사 역사와 관련이 있다. 이야기가 좀 긴데… 로블록스는 2003년 출시됐다. 그 후 10년 동안 사용자 수는 정말 천천히 늘었다. 그렇게 10년이 지나니 로블록스를 10년 동안 사용한 아이들이 자라나 엄청난 게임 제작자가 되었다. 이들이 실시간으로 피드백을 주면서, 서비스도 엄청나게 개선되고 사용자도 빨리 늘기 시작했다.

▲　　게임 제작자들이 직접 피드백을 주나?

●　　물론이다. 플랫폼, 게임 개발 도구, 커뮤니티, 유저 끌어 모으는 법 등 모든 분야에서 실시간 피드백이 있다.

▲　　로블록스 게임 제작자 중에 100만 달러를 버는 사람도 있다던데?

●　　아마 개인은 아닐 거다. 잘나가는 개발자 '그룹'이면 가능할

수도? 3~4만 달러 정도 수입을 올리는 사람들은 많다. 대부분 10대 후반에서 20대 초반이기 때문에 그 정도 수입이면 굉장히 만족한다.

▲   제작자들이 우리 나이가 돼도 로블록스를 이용할까?

●   그건 아직 모른다. 사실 회사의 다음 과제이기도 하다. 어떻게 사용자 연령대를 높여갈 것인가. 최근 릴 나스 엑스Lil Nas X(1999년생 미국 래퍼) 콘서트는 사용자 연령층을 트윈에서 틴에이저teenager로 올리려는 시도였는데, 오히려 어린이들이 나스 팬이 되는 이상한 결과를 낳았다(웃음).

▲   회사 일은 어떤가?

●   일은 똑같다. 재미있다고 하기는 힘들다. 엔지니어가 하고 싶은 일을 하기엔 회사 규모가 너무 커져버렸다. 기존 시스템 유지, 분석으로도 바쁘다.

▲   회사 분위기는?

●   아, 동료들이 너무 좋다. 다들 구글, 마이크로소프트에서 비싸게 스카우트한 사람들이라 배울 것도 많다. CEO(데이비드 바수츠키)도 정말 나이스nice하다.

▲   나이스하다? 정말?

●   그렇다. 사실 나는 이 동네(실리콘밸리)에서 나이스하다는 건 겉모습만 말한다고 믿었다. 평소에는 친절하고 부드럽지만 중요한 순간에는 주저 없이 나쁜 짓도 할 수 있는, 그런 사람이어야 성공한다고 생각했는데, 우리 CEO는 그 선입견을 깨버렸다. 정말 욕심 없고, 직원들에게 잘해준다. 주식도 직원들에게 더 많이 주려고 하고, 자기 지분을 늘리려고 애쓰지 않는다.

▲   대단하다. 나도 이곳의 나이스함은 겉모습뿐이라고 생각했다. 스티브 잡스(애플), 일론 머스크(테슬라), 마크 저커버그(페이스북), 다 착하기만 한 사람은 아니지 않나?

●   맞다. 나는 가끔 저렇게 해서도 성공하는 게 가능하구나, 이 정도 회사를 이끌 수 있구나, 하고 놀랄 정도다.

▲   힘든 점은 없나?

●   재택근무Work from home 규정이 새로 생겨서 적응하고 있다. 예전에는 개인 상황에 맞춰서 조절 가능했는데, 지금은 좀 힘들다. CEO한테 직접 건의해볼까 생각 중이다.

▲   CEO와 직접?

●   그래도 된다. 나 말고 다른 직원들도 슬랙Slack으로 자주 CEO

한테 말을 건다. 아, CEO가 잡$_{job}$ 인터뷰도 직접 한다. 내 인터뷰에도 CEO가 들어왔었다. 지금은 회사가 많이 컸지만, 여전히 인터뷰에 직접 들어간다고 들었다.

▲　　**마지막으로 앞으로의 계획은?**

●　　당분간 로블록스에서 배울 계획이다. 구글 같은 대기업도 한 번 가보고 싶고, 한국에서 일할 생각도 있다.

▲　　**구글? 로블록스가 낫지 않나?**

●　　페이는 더 좋다(로블록스가). 그래도 구글이 궁금해서, 1년만 갔다 돌아오고 싶다.

코세라,
대학의 라이벌

실리콘밸리 마운틴뷰에 위치한 코세라Coursera(NYSE: COUR)는 세계 최대의 온라인 대중 공개강좌Massive Open Online Course, 곧 무크 MOOCs 회사다. 2021년 3월 말에 상장했다. 상장 당일 주가 상승 폭은 36%(종가 45달러), 시가총액은 59억 달러(6조 5000억 원)였다.

무크는 수강 인원에 제한이 없고(Open), 대중에게 공개되는 (Open) 온라인 강좌다. 10년 전 등장한 무크는 초반에 '페이스북보다 빠른 성장'과 함께 '전통 고등교육의 대항마'라며 주목받았으나 큰 성공을 거두지는 못했다. 당시 온라인 강좌의 피로함과 집중력 저하를 호소하며, 실제 전 과정을 끝까지 수료한 사람이 많지 않았다. 무크 업체 유다시티Udacity가 2018년 운영자금이 바닥나 직원을 감축하는 등 무크 사업은 어려운 시절을 겪었다.

그러다가 2020년 코로나 사태가 터지며 온라인 강좌 수요가 폭증했다. 원격 강의가 일반화되었을 뿐만 아니라, 대량 실직 사태로 새로운 커리어를 준비하는 사람이 늘어난 것도 원인 중 하나다. 신규 기술과 전문성을 길러 이직을 준비하는 사람들도 온라인 강좌를 수강하기 시작했다. 업계 1위 코세라의 가입자도 폭발적으로 늘었다. 2020년 3~5월 이용자가 1000만 명 이상 증가했는데, 전년 동기 대비 일곱 배 많은 수준이다. 그해 연말까지 신규 가입자는 2100만 명, 수강 신청 건수는 5000만 건 이상 증가했다.

수년간의 시행착오를 거치며 서비스의 질과 수익 모델도 개선되었다는 평가다. 현장 강의와 같은 효과를 주기 위해 짧은 영상을 중간중간 넣고 퀴즈를 포함하는 등 다양한 노하우를 발휘했다. 언제든 부담 없이 그만둘 수 있는 무료 강의 대신 유료 강의로 전환해 수료율을 높였다. 무료 과정을 마치는 수강생은 10% 미만이었지만, 유료 강의나 학위를 수여하는 강좌는 최대 90%까지 수료율이 올라갔다.

코세라의 인기는 대학 무용론으로 이어진다. 코로나로 비대면 교육이 자리 잡으며, 대학 교육의 가치에 의문을 제기하는 사람들이 늘고 있는 것이다. 특히 살인적으로 비싼 사립학교 등록금이 공격 대상이 됐다.

스탠퍼드대학 학부 과정의 한 학기 등록금은 5만 달러(5500만 원)가 넘는다. MBA 과정은 7만 5000달러(8300만 원)다. 학비는 비용의 일부일 뿐이다. 스탠퍼드대학 근처는 집값이 전 세계에서 가장 비싼 지역이다. 학교가 공식적으로 밝힌 거주비, 교통비, 식비 등을 모두 합친 1년 수학 비용Cost of attendance은 12만 달러(1억 3000만 원)에 이른다. 그런데 코세라로 서울에 있는 집에서 공짜로 스탠퍼드대학 앤드루 응Andrew Ng 교수(코세라 창업자 겸 인공지능계 권위자)의 'AI 머신러닝' 강의를 들을 수 있다면, 과연 스탠퍼드에 다닐 필요가 있겠는가.

예전에는 네트워킹이 하나의 답이었다. 2010년 중반 내가 경영대학원MBA을 다닐 때만 해도 '책에서 배울 수 없는 대면 교육의 가치'를 설파하던 사람들이 있었다. 경영대학원 교육에서 쌓는 인맥은 지식보다 중요하며, 진짜 인맥은 사람을 직접 만나야 만들 수 있다는 주장이었다. 이제는 그것도 다 옛말이다. 코로나로 언택트가 일반화되면서 사람들은 줌Zoom에서 일하고, 가족과 친구를 만나고, 파티도 한다. 얼굴 보고 쌓는 인맥 같지는 않겠지만, 남들도 다 같은 상황이다.

비싼 대학 등록금을 합리화하려면 새로운 이유가 필요하다. 2020년 코로나 사태 이후 스탠퍼드, 하버드, 와튼 등의 MBA 학생들이 집단으로 등록금 인하 청원을 냈다. 스탠퍼드 MBA 학생의 80%가 등록금 80% 인하를 요구하는 청원에 서명했다. 온라인 경영 수업에 연 1억 3000만 원을 쓰고 싶은 사람은 아무도 없다.

코인베이스,
미국 최대의 가상화폐 거래소

샌프란시스코에 본사를 둔 코인베이스Coinbase (NADSAQ: COIN)는 미국 최대의 가상화폐 거래소다. 대표적인 가상화폐 비트코인이 사상 최초로 2만 달러를 돌파한 다음 날(2020년 12월 17일), 코인베이스는 미 증권거래위원회SEC에 비공개로 상장 예비 서류를 제출했다. 2020년 말 비트코인 가격은 3만 달러를 돌파했다. 비트코인 가격 상승과 함께 코인베이스의 이용자 수도 급증했다. 2020년 한 해 동안 500만 명 이상 증가해 그해 연말에는 이용자 수 3500만 명으로 찰스슈왑(미국 증권사)을 넘어섰다.

코인베이스의 사업 확장은 2017년 뉴욕금융감독청에서 거래소를 운영할 수 있는 라이선스를 취득한 이후 본격화되었다. 코인베이스는 2020년 말 기준 미국 44개 주와 해외 100개 국에서 거래소를 운영하고 있다. 2020년 12월 말까지 약 5억 5000만 달러 (6000억 원) 펀딩에 성공했고, 2018년 기준 기업 평가액은 80억 달러(8조 8000억 원)다. 2년 전보다 가상화폐 거래 규모가 확대되었기 때문에, 현재 기업 가치는 더 높을 것으로 평가된다.

흥행의 가장 큰 걸림돌은 경영 불투명성이었다. 상장 전 코인베이스는 한 번도 매출과 수익을 공개한 적이 없다. 2016년 미국세청IRS의 이용자 신원 공개 요구에 불응해 소송전에 휘말리기도 했다. 결국 2018년 일부 정보를 공개하기로 하고 사태는 일단락됐다. 모든 정보를 비공개로 하니 일반 투자자에게 공개된 회사 정보가 하나도 없다. 가상화폐 가격의 높은 변동성도 문제다. 비트코인 가격은 언제든 급락할 수 있다.

상장 흥행을 위한 코인베이스의 노력은 성공했다. 기업 정보가 공개되지 않았다는 비판을 불식시키기 위해 딜로이트Deloitte의 회계감사도 받았다. 가상화폐가 차세대 기술로 주목받으면서, 기관투자가의 투자금 액수는 2020년 4월 60억 달러에서 연말에는 140억 달러로 늘었다. 특히 JP모건 등 투자은행이 가상화폐 사업에 뛰어들면서, 가상화폐 자체에 대한 신뢰도도 올라갔다.

코인베이스 주가는 2021년 4월 14일 상장 당일 31% 상승하며 328달러에 마감했다. 상장 당일 시가총액은 858억 달러(95조 원)에 달했다. 거래소 라이선스에 상장까지, 코인베이스는 최초로 제도권 금융 시스템에 성공적으로 침투한 가상화폐 회사로 기록

되었다. 가상화폐 투자를 원하는 투자자에게 코인베이스 주식은 가장 안정적이며 검증된 투자 수단일 것이다.

다음 순서는
비트코인 ETF?

2017년 나는 미국의 한 선물거래 전문 헤지펀드에 어드바이저로 참여해, 비트코인 선물Bitcoin Futures 펀드를 출시했다. 그해 2월 비트코인 선물이 처음 시카고상품거래소CME에서 거래되기 시작하며, 비트코인이 곧 제도권 금융상품으로 인정받을 것이라는 기대가 컸다. 연말에는 비트코인 가격이 2만 달러에 근접하며 전 세계에 비트코인 투자 열풍이 불기도 했다.

CME 선물 출시 다음의 과제는 비트코인 ETF였다. 주식이나 채권 ETF처럼 비트코인 가격에 따라 수익률이 정해지는 비트코인 ETF 상품이 생기는 것이다. 기존에 투자자가 비트코인에 투자하려면 코인을 채굴하거나 계좌를 개설해 직접 투자할 수밖에 없었다. 비트코인 ETF가 출시되면, 잘하는 운용사가 설계한 ETF에 안전하게 간접·분산 투자할 수 있다. 개인은 물론 기관투자도 늘 것이다. 나는 당시에 미 증권거래위원회sec가 비트코인 ETF를 승인만 한다면 3만 달러도 어렵지 않을 것이라 생각했다.

안타깝게도 SEC는 2020년까지도 비트코인 ETF를 승인하지 않았다. 2013년부터 크고 작은 운용사들이 비트코인 ETF를 신청했지만, SEC는 모두 퇴짜를 놓았다. 가장 마지막 반려 결정이 2019년 9월에 떨어졌다. 증권 사기 및 시장 조작을 방지하기 위한 요건이 충족되지 않았다는 이유다. 해외에 위치한, 제도권 밖 거래소에서 주로 거래된다는 점도 부정적으로 작용했다.

2017년 12월, 서울에서 열린 비트코인 펀드 로드쇼에 갔을 때의 기억이 특히 생생하다. 미국인 동료들을 데리고 일주일의 빡빡한 일정을 소화했다. 너무 추웠던 날씨와, 서울 강남 지하철역의 엄청난 인파에 시골 미국 아저씨들이 어리둥절해하던 모습이 기억난다. 증권사 미팅이든 언론사 인터뷰든 어디를 가나 머리 하얀 백인 아저씨들을 펀드매니저로, 나를 비서 혹은 통역관으로 알고 자연스럽게 자리 배치를 해놨던 기분 나쁜 기억도 있다. 어쨌든 비트코인 투자 열풍이 불 때, 우리는 어디서나 환영받았다.

로드쇼는 재미있었지만, 우리 펀드는 결국 망했다. 야심 차게 상장한 비트코인 선물 거래량이 지지부진했고, 연달아 터진 각종 가상화폐 사기 사건으로 투자자들의 관심도 떠나간 탓이다. 비트코인 가격이 급락하며 펀드 수익률도 참담한 수준이었다.

그 후 3년, 상황은 많이 달라졌다. 비트코인 가격은 3만 달러를 넘어 2020년 말 4만 달러를 넘었다. 비트코인 선물이 완전히 자리 잡았는지, CME는 비트코인 선물에 이어 이더리움 선물 출시도 준비하고 있다. 여전히 많은 운용사가 비트코인 ETF 신청서를 내고 있고, 이제는 SEC가 허가해주지 않겠느냐는 이야기도 나온다.

ETF 출시는 결국 닭이 먼저냐 달걀이 먼저냐의 문제다. 비트코인은 위험해서 ETF가 될 수 없는 것인가, 아니면 비트코인이 ETF가 못 되어서 위험한 것인가. 일론 머스크의 '#비트코인' 트윗 하나로 가격이 하루 만에 15%나 오르는 것을 보면, 여전히 비트코인은 투자보다 투기에 가까운 상품임을 부정할 수 없다. 코인베이스 상장 직후 미 연준FRB 제롬 파월 의장은 가상화폐를 '투기자산'이라며 감독 당국의 규제 강화를 예고했다.

CHAPTER 7

실리콘밸리의
상장 유망주들

스트라이프,
미국에서 가장 비싼 핀테크 회사

이번 장에서는 2021년 상장 유망주로 꼽힌 실리콘밸리 소재의 기업들을 살펴보기로 한다.

스트라이프Stripe는 미국에서 가장 비싼 핀테크 기업으로 꼽힌다. 스트라이프는 2011년 아일랜드 출신의 패트릭 콜리슨Patrick Collison과 존 콜리슨John Collison 형제가 샌프란시스코에 설립한 온라인 결제 서비스 업체로, 페이팔Paypal의 가장 강력한 경쟁자다. 콜리슨 형제는 2017년 스냅챗Snapchat 공동 창업자 에반 스피겔Evan Spiegel을 제치고 최연소 자수성가 억만장자가 되었다.

스트라이프는 온라인 쇼핑몰을 위한 결제 시스템을 제공한다. 고객이 '스트라이프로 결제'를 선택하면 신용카드 정보를 입력해야 한다. 다음번에 정보를 기억Remember me 옵션을 택하면, 다음번에는 문자로 인증 번호가 바로 전송된다. 다른 정보 없이 인증 번호만 입력하면 바로 결제가 진행된다. 매번 신용카드 정보를 입력하거나 페이팔처럼 다른 계정으로 로그인할 필요 없이, 단일 결제 페이지에서 구매가 끝난다.

"온라인 쇼핑에서 결제를 위해 페이팔 계정을 따로 만들어야 하는 것은, 마치 가게에 물건을 사러 갔다가 결제하러 은행에 가야 하는 것처럼 불편한 일이다." 콜리슨 형제의 말이다.

스트라이프는 결제 시스템을 구축하는 소스 코드를 자사 홈페이지에 공개해, 온라인 판매자가 쉽게 이용하도록 했다. 페이팔의 경우 판매자가 페이팔 결제 시스템을 자신의 시스템에 연동하려면 최소 아홉 단계의 과정을 밟아야 한다. 스트라이프는 이를 세 단계로 줄였다.

스트라이프의 경쟁력을 가장 먼저 알아보고 투자한 사람들이 경쟁사 페이팔의 창업자인 일론 머스크Elon Musk와 피터 틸Peter Thiel이다. 실리콘밸리를 대표하는 벤처캐피털 세쿼이아캐피털 Sequoia Capital도 초기 투자자 중 하나다.

초창기에 고생을 하는 일반적인 스타트업과 다르게, 스트라이프는 창업 초창기부터 트위터Twitter, 알리페이Alipay, 킥스타터Kickstarter 등 든든한 고객사를 확보하며 5년도 안 돼 기업 가치 10억 달러(1조 1000억 원)를 돌파했다. 2015년에는 애플Apple이 애플페이 Apple Pay 서비스를 스트라이프를 통해 제공하면서 기업 가치는 더 높아졌다. 2017년 기업 가치 100억 달러(11조 원)를 이미 달성했고, 서비스를 시작한 지 9년 만에 미국 성인의 84%가 스트라이프를 통해 결제한 경험이 있을 정도로 시장점유율을 높였다. 구체적인 상장 계획이 나오기 한참 전부터 '몸값이 가장 비싼 핀테크 회사'로 알려질 수 있었던 이유다.

2021년 초 투자 때는 950억 달러(105조 원)의 기업 가치로 평가받았다. 2020년 4월 받았던 360억 달러(40조 원)에서 1년 만에 두 배 넘게 증가한 수치로, 코스피시장 시가총액 2위 SK하이닉스를 넘어선다.

로빈후드,
밀레니얼의 주식 투자=로빈후드

로빈후드Robinhood의 창업자 블라디미르 테네브Vladimir Tenev와 바이주 바트Baiju Bhatt는 2011년 월가의 시위에서 금융자본에 대한 일반인의 분노를 목격했다. 이후 금융의 민주화, 부담 없는 주식 투자를 위해 2013년 실리콘밸리 멘로파크Menlo Park에 로빈후드를 설립했다. 로빈후드는 주식, 펀드, 옵션, 가상화폐 등을 수수료 없이 거래할 수 있다는 점에서 개인투자가로부터 주목을 받았다. 당시 일반적인 거래 수수료가 건당 5~10달러였다는 점을 감안하면, 공짜 수수료는 파격적 제안이었다.

조금씩 이용자 수를 늘려가던 로빈후드는 2020년 대박이 났다. 코로나와 미 증시 랠리로 젊은 투자자가 대거 몰리면서 한 해 유저 수가 300만 명 증가해 5월 기준 1300만 명의 유저를 확보하며, 미국 개인투자가가 가장 많이 이용하는 주식거래 플랫폼 1위로 올라섰다(2위 찰스슈왑). 주 고객층은 주식거래가 처음인 젊은 투자자다(이용자의 평균 연령 31세). 한국의 동학개미 운동처럼, '개미의 역대급 증시 입성'을 이끌었다는 평가를 받는다.

로빈후드는 잘나가는 만큼 논란도 많다.

논란 1 | 로빈후드는 정말 수수료가 무료인가?

▲

엄밀히 말하면 그렇지 않다. 최근 로빈후드는 미 증권거래위원회 SEC에 6500만 달러(730억 원)의 벌금을 물었다. 주식거래 '수수료 무료'라고 고객을 기만했다는 이유다. 로빈후드는 개인 고객에게 직접 수수료를 받지는 않지만, 고객 주문을 처리하는 증권사로부터 보상을 받는다. 이를 PFOFPayment For Order Flow 방식이라고 한다.

로빈후드 고객이 주문을 입력하면, 로빈후드는 이 주문을 여러 증권사 중 하나를 선택해서 처리하게 한다. 그 대가로 증권사는 로빈후드에게 일종의 중개 수수료를 낸다. 로빈후드에 지불할 수수료를 확보하기 위해, 증권사는 고객 주문을 시장가격보다 불리하게 처리한다. 예를 들면 딜러간interdealer 시장에서 1달러(딜러간 시장가격)면 살 수 있는 주식을 1.1달러에 고객에게 파는 것이다. 남은 0.1달러가 로빈후드의 마진이 된다. 로빈후드 앱에서 고객이 보는 가격은 로빈후드에 지불할 마진이 이미 녹아 있는 가격이다. 겉으로는 수수료가 없는 듯 보이지만, 사실 고객은 더 비싼 값에 주식을 사며 손해를 본 것이다.

로빈후드는 '업계 관행'이라고 해명했다. 틀린 말은 아니다. 원래 은행간/딜러간 가격과 고객에게 제시하는 가격은 차이가 난다. 은행간 거래 환율과 일반 고객에 적용되는 환율이 다른 것과 비슷하다. PFOF 방식은 로빈후드뿐 아니라 다른 증권사들도 사용한다. 찰스슈왑도, 이트레이드E-trade도, TD아메리트레이드TD Ameritrade도 PFOF 마진을 뗀다. 논란은 있어도 위법은 아니다.

문제는 로빈후드의 PFOF 마진이 경쟁사에 비해 너무 높은 데다, 이를 '수수료 무료'라며 홍보했다는 점이다. 로빈후드의 PFOF 마진율은 주당 0.24달러로 찰스슈왑(0.11달러)의 두 배가 넘는다. 마진율이 더 높은 옵션의 경우 0.48달러다. SEC는 로빈후드의 PFOF 마진으로 발생한 고객 손실을 총 3410만 달러(380억 원)로 추산했다. 앞에서는 공짜라며 고객을 끌어들이고, 뒤에서 바가지를 씌웠다는 비난을 피할 수 없다.

논란 2 | 로빈후드가 투기를 부추긴다?

▲

2020년 12월 매사추세츠주는 로빈후드를 상대로 소송을 제기했다. 고객을 보호할 의무가 있는 증권사로서 주식거래의 위험성을 제대로 알리지 않고 '주식거래를 게임인 것처럼 홍보'하여 투기를 부추겼다는 이유다. 특히 문제가 된 것은 옵션거래다. 미국에서 옵션은 고위험 투자로 분류되어, 주식 초보자의 투자는 법으로 금지되어 있다. 〈뉴욕타임스〉 보도에 따르면, 로빈후드는 옵션거래를 원하는 고객에게 초보자인지 묻는 설문조사에서 '경험이 없다' 대신 '별로 없다'를 선택하도록 유도했다. 투자 초보자를 대거 옵션거래에 끌어들이기 위해서다.

2020월 6월, 20세 대학생 알렉스 커언스Alex Kearns가 옵션 투자 손실을 비관해 극단적 선택을 하면서부터 여론이 악화되었다. 커언스의 휴대전화에는 73만 달러 손실이 찍혀 있었으며, 그는 유서에 "나는 정말 내가 뭘 하고 있었는지 몰랐다"라고 적었다. 이후 손실을 입은 투자자들이 본사 건물로 찾아와 항의하기 시작하면서, 로빈후드는 본사 현관 입구에 방탄유리를 설치했다.

논란 3 | 게임스탑 사태 - 로빈후드는 기관 편이다?

▲

로빈후드는 2021년 1월 언론과 개인투자가로부터 집중포화를 받았다. 로빈후드가 찰스슈왑이나 TD아메리트레이드 등 기존 증권사와 함께 게임스탑Gamestop(NYSE: GSE)을 비롯해 폭등 종목의 매수를 제한한다고 밝혔기 때문이다. 게임스탑은 미국 개미 투자자들의 성지로 불렸다. 소셜미디어 레딧Reddit에 모인 개인투자가는 집중 매수를 통해 공매도 포지션을 쌓아놓았던 헤지펀드와 기관투자가를 대상으로 큰 승리를 거두었다. 게임스탑 주가는 닷새 만에 열 배 상승했다.

들뜬 분위기에 찬물을 끼얹은 로빈후드의 매수 제한 조치에 개인투자가는 분노했다. 기관의 매도는 내버려두고 개인의 매수만 금지한 로빈후드를, 개미 투자자들은 '배신자'며 '역적'이라고 비난했다.

로빈후드는 정말 개미들을 배신했나? 그것은 아니다. 로빈후드의 매수 제한은 결제 서비스 회사의 추가 증거금 요구 때문이었다.

〈뉴욕타임스〉에 따르면, 로빈후드의 결정에 직접적 영향을 미친 것은 대형 결제 기관 DTCCDepository Trust & Clearing Corporation였다. 게임스탑의 주가 폭등을 우려한 DTCC는 2021년 1월 28일 증권사들에게 수십억 달러의 추가 증거금을 요구했다(260억 달러 → 335억 달러). 증권사 입장에서 DTCC의 요구는 협상 불가능한 것이다. 추가 증거금 요구에 불응할 경우, DTCC는 증권사의 주식거래 결제를 거부할 수 있다.

문제는 로빈후드가 이 요구에 즉각 대응할 자금이 준비되어 있지 않다는 점이었다. JP모건이나 시타델Citadel 같은 대형 기관이라면 수십억 달러 정도의 증거금은 몇 시간 만에 준비할 수 있다. 하지만 로빈후드나 소형 증권사들은 사정이 다르다.

증거금을 납부할 현금이 없으면, 남은 방법은 기존에 쌓인 매수·매도 포지션을 축소해 납부할 증거금 액수를 줄이는 것뿐이다. 추가 증거금은 증권사의 결제 예정 금액과 비례한다. 로빈후드의 내부 시스템을 들여다볼 수는 없지만, 아마도 개인투자가의 매수 주문이 대규모로 쌓여 있었을 것이다. 여기에 신규 매수 주문이 들어오면 결제 금액은 더욱 늘어나고, 납부해야 할 추가 증거금도 늘어난다. 반면 신규 매도는 기존의 매수 포지션을 상쇄offset시켜 결제 금액과 추가 증거금 액수를 줄이는 효과가 있다. 로빈후드가 신규 매수는 막고 신규 매도는 허락할 수밖에 없었던 이유다.

이런 경우를 대비해 대부분의 증권사는 내부 상황에 따라 특정 종목이나 특정 거래를 금지할 수 있는 권한이 있다. 로빈후드의 투자자 약관에도 이 조항이 포함되어 있다.

> 6조. 투자 제한: 로빈후드는 언제나, 이유 불문하고, 사전 경고 없이 로빈후드 앱의 계정을 막을 수 있고, 주문 체결을 거부할 수 있고, 계정을 폐쇄할 수 있다.

로빈후드의 매수 제한은 위법이 아니다. 나는 그들이 기관투자가를 돕기 위해 매수를 제한했다고 생각하지 않는다. 로빈후드도 투자자에게 보내는 2021년 2월 1일자 서신에서, 매매 금지 조치는 증거금 요구 때문이었다며, "우리도 매수 제한을 하고 싶지 않았고, 헤지펀드를 도울 생각은 전혀 없었다"라고 억울함을 호소했다.

어쨌든 개인투자가 입장에서는 황당한 사건이다. 어느 날 내가 거래하는 증권사에서 특정 종목의 매수를 막아버렸다!

게임스탑 매수 제한 사태는 로빈후드의 아마추어리즘을 시사한다. 로빈후드의 주장을 믿는다 해도, 1300만 사용자를 보유한 주식거래 1등 회사가 추가 증거금 요구에 대응하지 못해 매매 제한을 했다는 사실 자체가 충격적이다. 로빈후드는 투자자에게 보내는 서신에서 증거금 요구가 하루 만에 열 배로 늘었다고 하소연했지만, 변명이 될 수 없다.

로빈후드는 전 세계에서 가장 큰 미국 시장에서 주식거래 규모 1위 회사다. 당연히 사용자 수와 거래 규모에 맞는 준비가 되어 있어야 한다. 비유하자면 희대의 영웅인 줄 알았던 로빈후드가, 알고 보니 덩치만 컸지 자기 앞가림도 못하는 어린애였던 것이다.

"로빈후드는 투자의 '신개념 고속도로'를 만들겠다고 큰소리치죠. 하지만 보도블록도 깔 줄 모르고, 가드레일은 무시하려고 해요. 그런 회사가 고속도로를 깔 수 있을까요?" 한 경쟁사 직원의 일침이다.

나는 그럼에도 불구하고 주식거래 시장에서 로빈후드의 독주는 계속될 것이라고 생각한다. 이 모든 논란은 보수적인 금융업계에서 기존 증권사들을 제치고 업계 1위로 올라선 로빈후드의 성장통일 뿐이다. 시장 참가자들이 2021년 중반 예측한 로빈후드의 기업 가치는 약 200억 달러(22조 원)에 이른다.

지금 로빈후드는 '스타트업이자 금융기관'이다. 로빈후드는 월가의 금융자본 타파와 혁신을 외치며 설립된 스타트업이다. 기존 금융 산업에 대한 반항심에 래퍼 스눕독Snoop Dogg과 제이지Jay-Z가 초기 투자자로 참가했다. 주식 투자자는 전부 로빈후드에게 빚을 지고 있다. 지금 미국 주식시장에서 명목상 거래 수수료가 없어진 것도 다 로빈후드 덕분이다. 찰스슈왑이, TD아메리트레이드가 로빈후드 없이 건당 5~10달러나 하는 주식거래 수수료를 자발적으로 내렸을 리 없다.

로빈후드는 금융기관이기도 하다. 로빈후드는 정식으로 FINRA(금융산업규제기구)에 등록된 증권중개회사broker-dealer다. 높은 수준의 투자자 보호와 위험 고지 의무가 적용된다. 게임스탑 사태에서 볼 수 있듯이, 결제 회사의 추가 증거금 요구를 절대적으로 따를 수밖에 없다.

문제는 이 둘의 성격이 다르다는 데 있다. 스타트업에게는 혁신과 스피드가 요구되고, 금융기관에게는 신뢰와 절차가 중요하다. 예를 들어 로빈후드는 옵션거래의 거래 시간을 단축하기 위해 일반 금융기관이 거쳐야 할 절차를 대부분 없앴다. 스타트업으로서는 바람직한 방향이지만, 금융기관으로서는 고객 보호 의무에 충실하지 않았다는 비난을 피할 수 없다. 금융 같은 규제 집약적 산업에서 혁신이 어려운 이유다.

그래도 로빈후드라는 브랜드와 그 추종자들은 건재하다. 이미 밀레니얼 투자자에게는 '주식거래=로빈후드'다. 브랜딩branding의 힘은 무섭다. 좀 문제가 생겨도, 여간해서 손님은 떠나지 않는다. 로빈후드는 브랜딩 측면에서 최고 성공 사례 중 하나다. 밀레니얼 투자자는 로빈후드 이외의 증권사는 이용할 생각이 아예 없다. 아예 이런 투자자를 '로빈후드'라 부른다.

로빈후드 앱의 디자인과 편리성도 독보적이다. "주식 투자를 게임처럼 만들어 주식거래를 부추긴다"라는 비난을 달리 해석하면, 앱이 그만큼 이용하기 쉽고 재미있다는 뜻이다. 코로나 대박이 터지기 전부터 로빈후드 앱은 디자인으로 유명했다. 내가 로빈후드의 이름을 처음 들은 것도 2015년 로빈후드가 애플 앱 디자인상을 수상했을 때다. 로빈후드 앱은 깔끔하고 세련됐다. 자꾸 눈과 손이 간다.

구글과 페이스북도 성장통을 겪었다. 스타트업이 업계 1등으로 자리 잡는 길은 원래 멀고도 험하다.

인스타카트,
'식료품계의 우버'

인스타카트Instacart는 미국판 장보기 앱이다. 아마존 개발자 출신 아푸르바 메타Apoorva Mehta가 브랜든 레오나르도Brandon Leonardo, 맥스 뮬렌Max Mullen과 함께 2012년 샌프란시스코에서 공동 창업했다. 장 볼 시간이 부족한 맞벌이 부부나 1인 가구를 타깃으로 하며, 고객이 인스타카트 앱으로 주문한 식료품을 한 시간 내 배달해주는 서비스다. 자체 상품 판매 없이 슈퍼마켓과 소비자를 연결만 해주고, 구매 대행과 배달만 한다.

인스타카트는 '식료품계의 우버'라 불린다. 우버 드라이버처럼 인스타카트 배달원도 직원이 아닌 파트타임으로 일하는 일반인이다. 서비스 과정도 우버와 유사하다. 고객이 집 주소를 입력하면 주변 슈퍼마켓이 표시된다. 고객이 슈퍼마켓을 선택하고 장을 보면, 주변에서 대기 중인 쇼퍼가 구매한 뒤 배달원에게 전달하고, 배달원이 고객에게 배송한다. 우버의 드라이버 평가 기능처럼 배달원도 고객에게 서비스를 평가받는다. 우버와 마찬가지로 인스타카트도 데이터 기반 서비스다. 빠른 배송을 위해 날씨와 교통 상황을 분석하고 고객 취향에 맞는 제품을 추천하는 시스템이 갖춰져 있다.

미국은 한국과 달리 걸어갈 만한 거리에 슈퍼마켓이 있는 지역이 거의 없다. 자동차를 타고 가야 하기 때문에 자주 장을 보기 어렵다. 나도 일주일에 한 번 정도 마음먹고 장을 보러 가는데, 시간과 수고가 아깝게 느껴지는 때가 많다. 무엇을 살지 확실히 알고 많은 물품을 살 때 인스타카트는 매우 유용하다. 구매한 뒤 실시간으로 배달 상황이 업데이트되는 것도 장점이다. 언제 쇼퍼가 쇼핑을 시작했는지, 배달원이 출발했는지 실시간으로 알 수 있다. 수수료도 저렴한 편이다. 인스타카트의 배달료는 금액에 관계없이 4달러(4400원)다.

배달원 평가 시스템 덕분에 서비스도 좋다. 아무리 무거운 물건도 현관 앞까지 가져다준다. 보통 미국 아파트의 경우 배달원이 엘리베이터를 타고 현관까지 이르려면 입구에서 등록 절차를 밟아야 한다. 그래서 1층 로비로 물건을 받으러 내려가거나, 아니면 아파트에서 따로 마련한 배달 창고에 가서 들고 와야 하는데, 인스타카트 배달원은 항상 현관까지 가져다준다.

인스타카트가 아마존이나 타깃Target 등 대형 유통 업체와 경쟁할 수 있는 이유는 자체 상품 없이 연결만 하는 서비스이기 때문이다. 물류 창고, 차량, 운반 시설이 필요 없다. 월마트와 코스트코 같은 유통 업체는 오히려 인스타카트의 경쟁자가 아닌 파트너가 된다. 인스타카트의 협력 업체는 미국 내 4000개 도시에 1만 5000개에 달한다. 이들 중에는 대형 마트도 있고, 동네 슈퍼마켓도 있다.

인스타카트도 코로나 수혜주다. 온라인 쇼핑이 늘어나면서 인스타카트의 주문량은 전해(2019년)의 여섯 배, 배달원 수는 네 배 증가했다. 2020년 11월 대선과 함께 통과된 주민발의안(Prop 22)도 긍정적인 뉴스였다. 발의안 통과로 인스타카트는 배달원과 쇼퍼에게 최저임금과 고용보험의 혜택을 제공해야 하는 부담에서 자유로워졌다. 시장 참가자들이 2021년 중반 예측한 인스타카트의 기업 가치는 약 300억 달러(33조 원)다.

CHAPTER 8

실리콘밸리의
반도체 회사들

실리콘밸리,
반도체 회사가 많은 계곡

실리콘밸리라는 이름은 반도체에 쓰이는 규소silicon와 산타클라라
계곡 Santa Clara Valley에서 유래했다. 말 그대로 반도체 회사가 많은
계곡이 실리콘밸리다.

　　실리콘밸리의 역사는 반도체 회사들과 함께 시작되었다.
1950년대 벨 연구소에서 트랜지스터 개발팀을 이끌었던 윌리엄
쇼클리William Shockley는 여덟 명의 제자와 함께 산타클라라 지역에
'쇼클리 반도체 연구소'를 세웠다. 이후 쇼클리의 제자들이 퇴사
해 페어차일드반도체Fairchild Semiconductor를 설립한 1957년을 보통 실
리콘밸리의 원년으로 규정한다. 이들 여덟 명의 제자가 실리콘밸
리의 혁신을 위한 구조와 문화를 만드는 데 크게 기여했기 때문
이다.

평생직장이 당연하던 시기에 회사를 떠나 창업을 감행한 이들을 쇼클리는 '8인의 배신자The traitorous eight'라 불렀다. 순탄치 않았던 이들의 독립 과정에서 기술 회사와 벤처 투자회사의 협력, 노동 유연성, 능력 위주의 경쟁 등 현재 실리콘밸리 문화의 핵심 요소들이 탄생했다. 페어차일드반도체에서 발명한 집적회로는 현재 반도체 생산 공정의 표준이 되었으며, 이후 8인의 배신자가 독립해서 세운 회사들이 반도체 기업 인텔, AMD, 그리고 현재 글로벌 최대 벤처캐피털 회사 중 하나인 클라이너퍼킨스Kleiner Perkins, 세쿼이아캐피털Sequoia Capital이다.

반도체 회사들은 일반 소비자 아닌 기업 대 기업Business to Business, 곧 B2B 사업만 하는 회사라 일반 투자자들에게 덜 알려져 있지만, 수익률과 펀더멘털 측면에서 빼놓을 수 없는 매력적인 투자 대상이다.

반도체 대표 지수인 필라델피아 반도체지수(INDEXNASDAQ: SOX)는 2020년 중반 이후 1년 만에 두 배 넘게 상승했다. 코로나 사태를 버텨낸 D램 반도체 시장이 2021년에는 지난 2017~2018년 같은 슈퍼 사이클로 진입할 것이라는 전망 때문이다.

반도체 산업의 대표 주자들, 즉 인텔, AMD, 엔비디아, 그리고 그들이 인수했거나 인수 예정인 반도체 회사는 전부 실리콘밸리에 본사가 위치해 있다. 이들 중 개인적으로 경험한 몇 곳을 간략히 소개한다.

인텔의 아성을 위협하는 엔비디아, 그리고 AMD

반도체 시장 전반의 관전 포인트는 전통의 강자 인텔을 압박하는 후발 주자 엔비디아와 AMD의 행보다.

세계 1위 반도체 업체 인텔의 입지는 위태롭다. 매출액 기준으로는 여전히 세계 1위지만, CPU 시장점유율은 계속 떨어지는 추세다. 기술적 어려움을 극복하지 못하고, AMD에 대형 고객사들을 빼앗긴 결과다. 2020년 애플과 마이크로소프트가 인텔 칩을 받지 않고 자체 개발하겠다고 했으며, 구글과 아마존도 인텔을 떠날 채비를 갖추고 있다. 행동주의 펀드 서드포인트Third Point는 2020년 말 인텔 회장에게 서신을 보냈다. "인텔의 반도체 생산은 삼성전자와 TSMC에 밀린 지 오래다. 망해버린 생산 부문은 깨끗이 포기하고 설계에만 집중하라."

실리콘밸리 현지 엔지니어들은 그럴 줄 알았다는 반응이다. "자체 GPU를 개발한답시고 설레발치다 CPU까지 뺏겨버린 꼴이다. 몇 년 전부터 AMD와 엔비디아에서 GPU 관련 인력을 공격적으로 스카우트하며 자체 GPU 개발에 애썼지만 가시적인 성과는 아직 보이지 않는다. 알테라 Altera(미국 2위 FPGA 업체) 인수도 별 도움이 안 된 것 같다. 인텔의 마지막 희망은 새로 부임한 CEO 팻 겔싱어 Pat Gelsinger다. CEO 교체 소식에 인텔 주가는 반짝 반등하기도 했다(+13%)."

흔들리는 인텔의 빈틈을 파고든 회사가 AMD다. 2010년대 초반 잇따른 제품 개발 실패로 한 자릿수까지 떨어졌던 AMD의 PC용 CPU 시장점유율은 2020년 최초로 인텔을 넘어섰다(인텔 49.8%, AMD 50.2%). 제조 공정의 기술적 어려움에 발목을 잡힌 인텔과 달리, 설계 전문(팹리스 fabless)의 장점을 살려 대만의 TSMC와 협력함으로써 인텔 프로세서의 성능을 능가하는 CPU 생산에 성공한 결과다.

"실리콘밸리 게이머 gamer들이 가장 선호하는 조합은 AMD CPU+엔비디아 GPU다." 게이머들의 선호도는 시장 선호도의 바로미터다.

매출액 기준으로 인텔이 1위라면, 시가총액 기준으로 최고의 반도체 회사는 엔비디아다. 2020년 7월 처음으로 인텔의 시가총액을 초월한 뒤, 두 기업의 시장가치 차이는 시간이 갈수록 벌어지고 있다. 인텔의 매출이 엔비디아의 일곱 배지만, 시가총액은 3분의 2 수준이다. 그만큼 4차 혁명 최대 수혜주라 불리는 엔비디아의 성장 전망이 밝다는 증거다.

인텔이 CPU 시장의 강자라면, 엔비디아의 강점은 GPU, 곧 고성능의 그래픽 처리 장치Graphic Process Unit이다. 엔비디아 GPU는 그래픽과 동영상 처리 기능이 탁월해 게임과 영상 플레이에 주로 이용된다. GPU의 고성능 처리 기능은 미래 자율주행 자동차와 인공지능에 꼭 필요한 기술이기도 하다. 벤츠, 도요타, 현대 등의 자동차 기업이 엔비디아와 손잡고 자율주행 기술 구현에 나서는 이유다.

엔비디아,
다음 목표는 데이터센터

엔비디아의 다음 타깃은 여전히 인텔이 부동의 1위를 지키고 있
는 데이터센터다. 데이터센터는 기업의 핵심 정보와 애플리케이
션을 저장하는 물리 시설이다. 클라우드 서비스를 제공하는 입장
에서는 사용자의 데이터를 저장 및 관리할 데이터센터가 필요하
다. 데이터센터는 서버, 스토리지, 통신망, 네트워크 및 온도·습도
유지 인프라 등으로 구성되어 있다. 이 부분만큼은 인텔이 여전히
일인자다.

엔비디아의 매출은 기존의 개인 사업과 데이터센터가 약 절
반씩 차지한다. 매출 규모는 비슷하지만, 폭발적 성장을 보이는
데이터센터 비즈니스에 엔비디아의 미래가 달려 있다. 엔비디아
는 2020년 고성능 네트워킹 기술을 보유한 멜라녹스 Mellanox를, 인

텔과 AMD를 제치고 인수하며 데이터센터 사업에서 기술적 우위를 점했다. 인텔의 알테라 인수가 좋은 점수를 받지 못하고 있는데 비해, 엔비디아의 멜라녹스 인수에 대한 시장의 평가는 긍정적이다.

엔비디아는 여기서 멈추지 않았다. 멜라녹스를 인수한 지 반년도 안 돼 영국의 반도체 설계 회사 ARM을 인수하겠다는 발표에 업계가 들썩였다. 인수가 400억 달러(44조 원)는 반도체 업계 인수·합병 사상 가장 큰 규모인 데다, ARM이 반도체 설계 분야에서 가지는 특수한 지위 때문이다.

ARM은 애플, 삼성전자, 퀄컴 등 전 세계 기업에 반도체 기본 설계도를 만들어 제공하는 회사다. 스마트폰의 90%가 ARM의 기본 설계를 적용하고 있으며, 여기서 발생한 로열티가 ARM의 주수입원이다. 전 세계 1000여 개 회사에 기본 디자인을 제공하는 ARM은 그동안 '중립성'을 추구해왔다. 반도체 업계에서는 엔비디아가 ARM을 인수해, 기본 설계 사용료 등을 높이는 방식으로 경쟁사를 선택적으로 압박할 것이라 예상하고 있다.

엔비디아의 ARM 인수에서 가장 큰 걸림돌은 정부 승인이다. 거래가 최종적으로 성사되려면 영국, 중국, EU, 미국 정부의 승인이 필요하다. 중국 정부의 승인이 가장 문제다. 미국의 반도체 시장 독점을 꺼리는 중국 규제 당국이 인수를 반대할 것이라는 우려다. 화웨이를 비롯한 중국 업체들은 이미 중국 정부를 상대로 엔비디아의 ARM 인수를 막기 위한 로비를 시작했다.

시장은 엔비디아의 ARM 인수 승인만 기다리고 있다. 엔비디아가 인수 계획을 발표하며 예상한 정부 승인 소요 기간은 18개월이다. 애널리스트들은 인수가 성사만 된다면 엔비디아 주가가 '날아갈 것'이라 말한다.

AMD도 가만히 있지 않았다. 엔비디아의 ARM 인수가 발표되고 한 달 후 자이링스Xilinx(NASDAQ: XLNX, FPGA 1위 기업)를 350억 달러(39조 원)에 인수하며 대형 인수·합병전에 뛰어들었다. GPU+CPU 통합 체계를 갖추려는 AMD의 다음 목표 역시 인텔이 여전히 버티고 있는 데이터센터다.

미국의 상징, 인텔을 무너뜨린 두 아시아계 이민자

반도체 업계의 후발 주자 AMD와 엔비디아가 흥미로운 또 하나의 이유는 두 기업을 이끄는 경영자들이다.

엔비디아의 창업자 젠슨 황Jensen Huang은 입지전적 인물이다. 대만계 이민 2세인 그는 스탠퍼드대학 졸업 후 AMD에서 일하다 서른 살이 되던 해에 엔비디아를 창업했고, 인텔의 CPU가 지배하던 업계에 뛰어들어 GPU 개발에 주력해 큰 성공을 거뒀다. 2010년 금융위기로 회사가 흔들리자 자신의 연봉을 1달러로 깎으며 기술 개발에 집중했다. 이후 고성능 GPU가 자율주행 및 인공지능의 흐름을 타면서 현재의 엔비디아가 만들어졌다.

AMD의 최고경영자 리사 수Lisa Su 역시 대만계 이민 2세다. AMD 주가가 10분의 1토막 났던 2011년 AMD에 합류해 5분기 만에 흑자로 전환시켰다. MIT 박사 출신인 리사 수는 AMD에 합류하기 이전에도 IBM과 텍사스인스트루먼트Texas Instruments에서 탁월한 연구 실적을 보인 바 있는 뛰어난 엔지니어다. 다양성 노래를 부르는 실리콘밸리에서도 CEO 가운데 여성, 아시아 출신, 학자 출신은 리사 수가 유일하다.

어플라이드머티어리얼즈,
그리고 램리서치

반도체 산업에서 반도체 장비는 매우 중요하다. 반도체 업체들은 매년 엄청난 금액을 시설 투자에 사용하는데, 이 중 가장 큰 부분을 차지하는 것이 반도체 장비 구입이다. 2020년에도 반도체 장비 사업은 호황을 누렸다. 반도체 슈퍼사이클을 예상한 업체들이 일찍이 시스템 공급과 투자에 나섰기 때문이다.

실리콘밸리 산타클라라에 본사를 둔 어플라이드머티어리얼즈 Applied Materials(NASDAQ: AMAT)는 글로벌 반도체 장비 분야 1위 (2019년 시장점유율 18.5%) 회사다. 포춘500 기업 중 하나이며, 전 세계 모든 반도체 칩과 첨단 디스플레이 제품 생산에 사용되는 재료공학 솔루션 분야의 글로벌 선두 주자다. 삼성전자와 SK하이닉스, 인텔, TSMC 등 전 세계 대부분의 반도체 회사에 핵심 장비를 공급한다.

몇 년 전 어플라이드에 4주간 파견 근무를 나간 적이 있다. 첫날 나를 놀라게 한 것은 회사의 엄청난 규모였다. 10여 개의 빌딩이 산타클라라의 넓은 도로에 흩어져 있었다. 어플라이드 본사는 세 개의 캠퍼스로 이뤄져 있는데, 캠퍼스 사이는 자동차로만 이동이 가능하다. 사무실 내부도 어마어마하게 넓었다. 미로처럼 펼쳐진 수백 개의 큐비클 안에서는 수많은 장비에 둘러싸여 실험에 열중하는 엔지니어들을 볼 수 있었다.

반도체 기술은 미·중 무역 전쟁의 핵심 쟁점이다. 반도체 기업 비밀trade secret은 실리콘밸리 지역의 단골 소송 재료다. 사실 관계는 대체로 비슷하다. 중국 국적의 엔지니어가 퇴사 전 기업 비밀을 빼돌려 중국 정부에 넘긴다. 본인도 중국이나 대만 지역에 훔친 기술로 창업을 한다. 개발 상품을 중국 내수 시장에서만 돌리니, 미국에서는 특허 침해 사실을 알 방법이 없다.

기업 비밀 유출은 민사뿐 아니라 형사 소송도 가능한 사안이다. 2020년 6월 샌프란시스코 연방법원은 중국 국적의 전 톈진대학교 교수 장하오張浩에게 반도체 기술 관련 기업 비밀 유출 혐의로 징역 1년 6개월을 선고했다. 2010년부터 2015년까지 아바고Avago와 스카이웍스Skyworks에 엔지니어로 근무하며 기밀 기술을 빼내 중국 정부에 넘긴 혐의다. 장하오는 유출된 기술을 이용해, 중국에 공범과 자회사를 설립했다. 샌프란시스코 검찰에 따르면,

"장이 유출한 자료는 아바고가 20년에 걸쳐 연구 개발한 내용"이었다.

2017년 어플라이드에서도 이와 비슷한 내부 직원의 기밀 유출 사건이 있었다. 이후 회사 보안이 엄청나게 강화되었다고 한다.

업계 1위 어플라이드의 뒤를 바짝 쫓는 업체가 실리콘밸리 프리몬트Fremont에 위치한 램리서치Lam Research(NASDAQ: LRCX)다. 1980년 중국계 엔지니어 데이비드 램David Lam이 설립했다. 도쿄일렉트론Tokyo Electron, TEL과 2~3위 자리를 놓고 경쟁한다. 반도체 장비 기술 중 건식 식각Dry Etch 부문에서는 압도적인 기술력을 가지고 있다.

램리서치는 고객 서비스로도 유명하다. 반도체 장비 회사들은 신규 장비 판매 이외에도 기존 장비의 유지·보수 및 업그레이드로 매출을 낸다. 고객사와의 관계가 좋아야 반도체 사이클을 넘어 지속적으로 매출을 발생시킬 수 있다. 램은 특히 삼성전자와의 관계가 돈독한 것으로 유명하다. 1990년대 말 주가가 한 자릿수($)로 떨어지며 위기를 맞았던 램은 삼성전자의 대량 주문으로 위기를 넘긴 후 급성장의 발판을 마련했다.

2021년 미국과 중국의 반도체 패권 경쟁은 날로 가열되고 있다. 무역 분쟁과 별도로 반도체 수요 급증과 공급 부족이 겹치며, 어플라이드머티어리얼즈와 램리서치의 주가는 2021년 1분기 동안에만 각각 60%, 50% 상승했다.

"반도체 슈퍼사이클,
2020년 이미 예상"

황성연, 어플라이드머티어리얼즈 시니어 프로세스 엔지니어, 2013~2017년 램리서치 근무

▲ 　올해(2021년) 어플라이드머티어리얼즈 주가가 많이 오른다.

● 　알고 있다. 작년(2020년) 10월에 50달러대였는데 네 달 만에 두 배가 됐다. 반도체 산업 전망이 워낙 좋지 않나. 두 번째 슈퍼사이클에 진입했다고들 한다.

▲ 　슈퍼사이클을 미리 예상할 수 있었나?

● 　예상이라고 하긴 그렇지만, 삼성이나 하이닉스 같은 칩 메이커들이 미리 주문한 내용이 장비 회사들의 실적 예상(가이던스guidance)에 반영되는 것은 사실이다. 램리서치나 어플라이드머티어리얼즈 실적 가이던스가 2020년 상반기부터 좋아지긴 했었다.

▲　　반도체 장비 회사 순위를 매긴다면?

●　　어플라이드머티어리얼즈가 1위, 도쿄일렉트론과 램리서치가 2위 다툼을 한다고 보면 된다. 매출액 기준으로는 ASML이 2위인데, ASML은 노광 장비 쪽에 특화된 회사라 나머지 회사들과 성격이 다르다.

▲　　각 장비 회사들마다 밀접한 관계인 반도체 칩 메이커가 있나?

●　　메모리 부문이 중요한 램리서치는 삼성이나 하이닉스와 사이클이 맞고, 로직 부분이 중요한 도쿄일렉트론은 TSMC랑 맞을 수도 있겠다.

▲　　중국과의 반도체 기술 전쟁, 피부로 느껴지나?

●　　물론이다. 중국 국적 직원들의 정보 접근이 제한된다. 램리서치에서는 ID카드 색깔이 달랐다. 비중국인은 파란색, 중국인은 오렌지색이었다. 어플라이드도 접근을 제한하는데, 특히 방위 산업 관련 정보에 대한 기준이 엄격하다.

▲　　기술 유출에 대한 회사 대응은?

●　　2017년 어플라이드가 전 직원 세 명을 상대로 승소한 일이 있다. 그 사건은 거의 10년 전 일이었다. 중국인 직원 세 명이 영업 비밀을 빼 갔는데, 너무 대놓고 했다. 블루프린트를 만 장 정도 사무실

에서 프린트해서 갖고 나가고. 요즘 기술 유출 양상과는 전혀 다르다. 그래도 10년 전 사건까지 잡아내서 이긴 것은 신기했다.

▲ 요즘엔 다른가?

● 요즘은 훨씬 잡아내기 어렵다. 보통 빼낸 기술로 중국 내에서만 사업을 한다. 해외시장으로 제품이 나오면 걸릴 수도 있기 때문이다. 중국은 내수가 커서, 그래도 훔쳐 갈 만하다.

▲ 빼 가도 어쩔 수 없다?

● 뭐, 빼 가도 모른다고 말하는 편이 정확할 것 같다. 그래도 실무를 해보면, 정보 몇 건, 사람 몇 명으로 쉽게 카피할 수 있는 기술이 아닌 것 같다. 우리 팀(어플라이드머티어리얼즈)도 램리서치에서 스카우트된 사람들인데, 램리서치에서 됐던 것이 여기서는 잘 안 된다. 맛집 주방장 몇 명 데려온다고 바로 맛집이 되는 건 아니지 않나.

▲ 아, 어플라이드머티어리얼즈 전에 램리서치에 다녔었지. 두 회사를 비교한다면?

● 문화가 굉장히 다르다. 램은 체계가 잘 잡혀 있고 수직적인 구조다. 프레젠테이션 절차나 양식도 정해져 있다. 일을 처음 배우는 사람에게 좋은 회사다. 전문가로 잘 트레이닝 해준다. 우리나라 회사로 치면 삼성 같다. 어플라이드는 반대다. 리버럴한 분위기고, 회의

도 프레젠테이션보다는 브레인스토밍에 가깝다.

▲ **램리서치가 삼성이면, 어플라이드머티어리얼즈는 구글?**

● 아, 그건 아니다. 둘 다 반도체, 하드웨어 회사라 구글이나 페이스북 같은 회사와 문화를 비교하면 안 된다. 그쪽 회사들에 비하면 둘 다 빡세다.

▲ **연봉은?**

● 음, 램이 더 많이 준다. 현금 연봉은 비슷한데, 주식을 램이 더 많이 준다.

▲ **둘 중 하나 주식을 산다면?**

● 램. 램이 고마진 장비의 시장점유율이 더 높다. 어플라이드는 사업부도 여러 개고, 당장 돈이 안 되는 미래 지향적 프로젝트도 많이 해서 당장 수익성이 좋지 않다. 또 몇 년 지켜보니 램이 현금 관리를 잘한다. 항상 현금비율Cash ratio이 높고 바이백도 자주 한다.

▲ **오, 주식에 대한 지식 수준이 상당하다.**

● 코로나 이후 주식 공부를 많이 했다.

반도체 ETF
톱 5

반도체 산업에 분산 투자할 수 있는 대표 ETF 다섯 가지를 간략히 소개한다. 설정 규모(AUM) 순위다(2021년 초 기준).

1위 아이셰어 PHLX 반도체 ETF(SOXX)

iShares PHLX Semiconductor ETF

가장 규모가 크고, 반도체 산업별(디자인, 생산, 판매) 분산투자가 잘되어 있다. 대기업large cap 비중이 높은 편이다. 상위 비중 종목은 퀄컴(QCOM), 브로드컴(AVGO), 텍사스인스트루먼트(TXN), 엔비디아(NVDA), 인텔(INTC) 순이다. 2020년 한 해 동안 48% 상승했다.

2위 밴엑 벡터스 반도체 ETF(SMH)

VanEck Vectors Semiconductor ETF

아이셰어 PHLX 반도체 ETF처럼 대기업 비중이 높은 편이다. 차이점은 미국 외 글로벌 회사 비율이 높고, 보유 종목 개수가 적다. 미국 비중이 75%에 불과하며, 종목 수는 25개다. TSMC(대만)가 비중 1위로 11%를 차지한다. 2020년 한 해 동안 54% 상승했다.

3위 디렉시온 데일리 반도체 불 3x셰어즈(SOXL)

Direxion Daily Semiconductor Bull 3x Shares

필라델피아 반도체지수 세 배 레버리지 투자라는 점이 가장 큰 특징이다. 이익도 손실도 세 배다. 반도체 상승 전망이 강한 투자자에게 적합하다. 2020년 한 해 동안 72% 상승했다.

4위 SPDR S&P 반도체 ETF(XSD)

SPDR S&P Semiconductor ETF

타사 ETF에 비해 중소기업 비중이 높다. 다른 특징은 시가총액 비중 market-cap weighted이 아니라 동일 비중equal weighted이라는 점이다. 시총이 큰 기업과 작은 기업을 동일 비중으로 편입한다. 2020년 한 해 동안 58% 상승했다.

5위 인베스코 다이내믹 반도체 ETF(PSI)

Invesco Dynamic Semiconductors ETF

분산투자보다는 1등 회사에 집중하는 전략을 추구하는 ETF다. 가격 추이, 실적, 경영 상태 점수가 높은 기업에 집중 투자한다. 어플라이드머티어리얼즈(AMAT), 램리서치(LRCX)가 비중 1, 2위다. 2020년 한 해 동안 57% 상승했다.

(출처: ETF TRENDS)

CHAPTER 9

미국 경제의 중심, 실리콘밸리

최고의 인재들은
실리콘밸리를 선택한다

2013년 〈월스트리트저널〉은 "인재 전쟁: 월스트리트 vs. 실리콘밸리Talent war: Wall street vs. Silicon Valley"라는 특집을 통해, 미국 톱스쿨을 졸업한 인재들이 월스트리트가 아닌 실리콘밸리를 선택하는 이유를 설명했다.

첫째, 금융위기로 다수의 투자은행이 파산해 월스트리트의 일자리 수는 줄어든 반면, 실리콘밸리 지역의 일자리 수는 빅테크와 스타트업 모두 빠르게 늘어나고 있다.

둘째, 실리콘밸리 직장들이 제공하는 여러 편의 시설과 다양성, 평등성을 중시하는 문화가 밀레니얼 세대에게 어필하고 있다.

셋째, 금융위기 이후 월스트리트의 보너스 잔치가 끝나면서 주당 100시간의 격무를 돈으로 보상할 길이 없어졌다.

8년이 지난 지금, 인재 전쟁에서 실리콘밸리의 승리를 의심하는 사람은 없다. 2020년 기준 미국 대학생들이 가장 선호하는 직업 1위는 소프트웨어 엔지니어다. 더 이상 대학생들은 빳빳한 슈트를 빼입은 월스트리트의 애널리스트를 꿈꾸지 않는다.

스탠퍼드대학의 가장 핫한 전공은 컴퓨터사이언스cs다. 2010년 이후 소프트웨어 엔지니어의 몸값이 치솟으면서 CS는 가장 똑똑하고 공부 잘하는 학생들이 가는 학과, 졸업 후 가장 연봉이 높은 학과로 자리 잡았다. 내가 아는 사람들 중에도 경제학과를 다니다가 CS로 전과한 경우가 여럿이다. 내가 다녔던 스탠퍼드 MBA에도 MBA+CS 복수 전공이 있었다. 멋있어 보이지만, 나이도 많은 데다 직장 생활로 두뇌가 오염된 경영대학원생이 코딩을 새로 배우기란 쉬운 일이 아니다. 한참 어린 학부생들에게 치여 중도 포기한 친구들이 많았다.

대학을 갓 졸업한 소프트웨어 엔지니어들의 연봉은 최소 15만 달러(1억 6500만 원)부터 시작한다. 보통 현금 12만 달러에 자사주 3~4만 달러어치를 따로 지급한다. 2020년 기준 골드만삭스의 신입 애널리스트 연봉은 보너스 포함 9만 달러(9900만 원)다. 적은 금액은 아니지만, 실리콘밸리 소프트웨어 엔지니어들의 75% 수준이다. 주식 보상까지 합치면 60%밖에 안 된다.

돈보다 더 중요한 것이 있다. 일주일에 100시간 넘게 격무에 시달리고 상명하복 문화가 여전한 동부의 업무 환경은 밀레니얼에게 더 이상 매력적이지 않다. 회사가 추구하는 가치와 문화가 중요하다. 실리콘밸리의 많은 회사가 최고다양성책임자Chief Diversity Officer, CDO를 임명해 포용성과 다양성 전략을 이끌게 하는 이유다.

날씨는 어떤가. 실리콘밸리는 1년 내내 쾌적하고 맑은 날씨가 계속된다. 샌프란시스코는 1년 내내 섭씨 15도 안팎으로 사계절의 차이를 거의 느낄 수 없다. 남쪽 산타클라라 지역은 계절 변화가 있다. 여름에는 30도 이상, 겨울에는 10도 안팎까지 내려간다. 하지만 뉴욕이나 한국의 혹독한 겨울, 덥고 습한 여름에 비교할 바 아니다. 실리콘밸리에서 근무하면 1년 내내 좋은 날씨에서 일을 하기 때문에 추가 수입이나 다름없다는, 선샤인 달러sunshine dollar라는 말도 있다. 나도 실리콘밸리에 처음 왔을 때 이 동네의 쾌적한 공기와 날씨가 가장 인상 깊었다. 아무리 화가 나는 일이 있어도 밖에 나와 심호흡을 하면 기분이 금방 좋아진다.

동부의 인재들이 서부로 몰리는 것은 어제오늘 일이 아니다. 동시에 스탠퍼드 MBA와 하버드 MBA에 합격한 학생의 대다수가 스탠퍼드 MBA를 선택한다. 구글이나 페이스북에서 일하는 하버드 MBA 출신은 많다. 법조계도 마찬가지다. 내가 잠시 일했던 샌프란시스코 연방법원에는 동부 명문인 하버드와 예일 로스쿨 출신이 가득했다. 반대의 경우는 드물다. 스탠퍼드 MBA를 나와 월스트리트에 취업하거나, 스탠퍼드 로스쿨을 나와 뉴욕 법원에서 일하는 사람은 극소수다. 뉴욕 출신이 아닌 이상 어떻게든 실리콘밸리에 남으려고 애쓴다.

'월스트리트 vs. 실리콘밸리'라는 말 자체가 난센스다. 이미 실리콘밸리가 이긴 지 오래된 전쟁이다.

실리콘밸리 문화
1 × 꾸밀수록 가난해 보인다

얼마 전 넷플릭스에서 한국 TV쇼 〈스타트업〉을 보았다. 한국과 이곳의 스타트업은 여러모로 달라 보였다. 내가 가장 다르다고 생각했던 부분은 주인공들의 화려한 패션과 라이프 스타일이다. 한강이 내려다보이는 아파트에서 샤워를 하고, 슈트를 입고, 외제 차를 타고, 강남 한복판의 멋진 사무실로 출근을 한다.

현실은 다르다. 스타트업 창업자들은, 현지 누군가의 말을 빌리면 "바퀴벌레처럼 산다." 임대료를 아끼려 차고나 지하실에서 일을 하고 밥도 아무거나 먹는다. 패션은 말할 것도 없다. 무릎 나온 청바지에 후디 하나로 일주일을 버틴다. 80%가 실패한다는, 고단한 창업의 길을 견디기 위한 어쩔 수 없는 선택이다.

아마존의 제프 베이조스를 제치고 2021년 세계 최고의 부자로 등극한 일론 머스크는 테슬라 창업 전 세 달 동안 오렌지와 냉동 핫도그만 먹고 살았다. 자신이 하루 1달러로 살아갈 수 있는지 한계치를 시험해본 것이다. 생각보다 어렵지 않았다고 한다. "나는 좋은 음식에 흥미가 없고, 컴퓨터 한 대와 한 달 30달러만 있으면 평생 살 수 있다는 확신이 생겼다."

부자가 되어도 사람의 스타일은 달라지지 않는다. 일론 머스크는 지금도 돈이 생기면 전부 사업에 재투자한다. 스티브 잡스도 그랬고, 마크 저커버그도 마찬가지다. 매일 똑같은 옷을 입고 비슷한 음식을 먹으며, 우주 사업과 전기자동차에 투자한다. 얼마전 패션 잡지에 팀 쿡이 나와서 웬일인가 했더니, '청바지 핏이 맞는 유일한 실리콘밸리 CEO'로 선정되었단다.

일반 사람들도 마찬가지다. 실리콘밸리의 부자는 겉으로 봐서 알 수가 없다. 덥수룩한 수염에 늘어진 티셔츠, 헐렁한 청바지를 입은 사람들 중에는 최근 상장한 스타트업의 CEO나 스탠퍼드 대학 교수가 섞여 있다. 변호사나 컨설턴트 등도 드레스다운dress down한다. 주 고객인 엔지니어가 슈트를 잘 차려입은 변호사에게 거부감을 가질 수 있기 때문이다. 좀 과장해서 이야기하면, 이 동네에서 평소 정장을 입고 돌아다니는 사람은 보험, 부동산, 호텔 등 서비스업 종사자뿐이다.

실리콘밸리에는 대놓고 사치하는 것을 부끄럽게 여기는 문화도 있다. 〈뉴욕타임스〉는 2012년 "실리콘밸리에서는 돈 많다고 재지 마라Don't flaunt it in Silicon Valley"라는 기사에서, 실리콘밸리 부자들의 소비 패턴을 다뤘다. 부자들이 많은 실리콘밸리지만, 드러내 놓고 돈을 쓰는 사람은 없다는 내용이다.

실리콘밸리 지역(산타클라라, 샌마테오 카운티)의 가구 중 14%의 연 수입이 20만 달러 이상이다. 당연히 1200달러짜리 청바지, 2만 달러짜리 자전거가 팔리지만, 드러내놓고 돈 쓰는 것을 자랑하는 부자는 없다. 비싼 물건을 사도 집으로 조용히 배달시킨다. 사진이라도 찍혀 인터넷에 올라가면 망신이라고 생각하기 때문이다.

기사가 나온 시점은 2012년 페이스북 상장 직후다. 당시 페이스북 직원 1000명 이상이 100만 달러(11억 원) 이상의 주식 시세 차익을 올렸다고 한다. CEO 저커버그는 직원들이 돈을 자랑하는 꼴이 보기 싫어서 전체 메일을 썼다. "돈은 써도 되지만, 남들 모르게 써라Spend your money, but to it privately."

좋은 옷, 멋진 차, 맛있는 음식이 중요한 사람들에게 실리콘밸리는 재미없고 고달픈 곳이다. 주변에서 명품 시계나 옷으로 치장하는 것을 좋아하는 사람들은 결국 이곳을 떠난다. 그런 물건을 사봤자 치장하고 갈 곳도 없고, 사람들이 알아주지도 않는다. 회사도 마찬가지다. "펀딩 받았다고 금방 사무실 바꾸고 치장하는 회사치고 이 동네에서 오래가는 회사가 없더라." 현지 벤처캐피 털리스트의 말이다.

실리콘밸리의 부자들은 부자인 척하지 않는다. 부자인 척 꾸 밀수록 오히려 없어 보인다.

실리콘밸리 문화

2 × 다양한 사람들, 능력만 중요하다

나도 월스트리트 대신 실리콘밸리를 선택한 사람이다. 월스트리트를 꿈꾸던 트레이더에서, 실리콘밸리의 특허변호사가 되었다. 로스쿨에서도 선택의 기회가 있었다. 트레이더 경력, MBA, CFA를 살려 증권·금융 분야를 선택할 수 있었다. 특허를 선택한 것은, 전적으로 실리콘밸리의 삶을 원했기 때문이다.

일단 나는 실리콘밸리의 다양성을 좋아한다.

실리콘밸리 사람들의 인종은 매우 다양하다. 실리콘밸리의 STEM(과학Science, 기술Technology, 공학Engineering, 수학Mathematics) 분야 종사자 57%가 이민자다. 내가 사는 산타클라라 카운티의 인종 구성은 백인 40%, 아시아인 29%다. 옆 동네 샌마테오 카운티는 백인 3분의 1, 아시아인 3분의 1이다. 아시아인은 소수 인종이 아니다.

로펌, 은행, 기업에는 아시아인 비율이 더 높다. 엔지니어 중에는 아시아인이 다수다.

나는 영어가 제2외국어인 변호사다. 아무리 노력해도 영어에 악센트(억양)가 있고, 가족과 친구들이 한국인이라 영어에 노출되는 시간에도 한계가 있다. 그래도 이 동네에서는 큰 문제가 되지 않는다. 악센트가 있는 영어를 쓰는 사람이 다수이기 때문이다. 이곳에서 나고 자란 친구들도 악센트 있는 영어에 익숙하다. 본인은 영어가 모국어여도 부모님 때문에 집에서는 한국어, 중국어, 스페인어, 인도어 등 외국어로 이야기하는 경우도 많다. 스탠더드가 아닌 영어를 듣고 말하는 데 걸림돌이 없는 것이다.

오히려 완벽한 영어를 하는 친구가 내 악센트를 '특별한 개성'이라며 부러워한 적도 있다. 실제로 악센트를 매력적으로 느끼는 사람들이 많다. 악센트가 있다는 것은 적어도 두 개 이상의 언어를 한다는 뜻이고, 국제적 경험이 있는 경우가 많기 때문이다. "남과 다름_{remarkable}을 두려워하지 마라"는 아메리칸 드림, 이민 정신의 덕목 중 하나이기도 하다. 그래서 말의 내용이 좋고 알아들을 수만 있으면 일하고 생활하는 데 아무 문제가 없다.

물론 모두가 그런 것은 아니다. 업무적으로나 인간적인 갈등 상황에서 "너희 나라로 돌아가라"라는 뉘앙스를 풍겼던 사람은 꽤 있다. 그래도 이곳 문화상 계속 그러지는 못한다. 주변에서 편을 들어주는 사람들도 없고, 회사에 보고하면 잘릴 수도 있기 때문이다.

실리콘밸리, 캘리포니아 바깥은 사정이 다르다. 금융권에서도, 법조계에서도 여전히 백인이 다수다. 특히 변호사 중에는 유색인종을 찾아보기 힘들다. 뉴욕, 워싱턴은? 인종 구성은 나름 다양하지만 분위기가 뭔가 퍽퍽하다.

로스쿨 시절 특허 모의재판 경연에 나갔다. 운 좋게 우리 팀이 서부 지역 1등으로 결선에 진출해 워싱턴DC의 연방법원(특허법 쪽에서는 대법원 같은 곳) 판사들 앞에서 변론을 하게 되었다. 캘리포니아, 서부 지역 예선하고는 분위기가 완전히 달랐다. 수십 명의 참석자 중 악센트가 있는 영어를 말하는 사람은 나 혼자였다. 내가 말할 때마다 신기하다는 듯 쳐다보는 눈초리에 주눅이 들어 결선 1차에서 떨어지고 말았다.

사람들의 외모도 다양하다. 좋은 점은 외모 비교가 불가능하다는 점이다. 사람들이 서로 너무 많이 달라서 비교의 의미가 없다. 한국에서는 키가 180센티미터인 사람과 170센티미터인 사람이 많이 달라 보이지만, 여기서는 다 비슷하다. 옆에 2미터인 사람과 160센티미터인 사람이 같이 있기 때문이다. 예전에는 크다고 생각했던 차이가 점점 작아 보이게 된다. 뚱뚱하고 날씬하고, 예쁘고 못생기고 다 그렇다.

뒤늦게 로스쿨에 입학한 나는 동기들보다 나이가 훨씬 많았다. 그래도 나보다 훨씬 나이 들어 보이는 친구들이 있어서 내가 그렇게 튀지 않았다. 나이나 결혼 여부를 물어보는 분위기도 아니다. 한국에서 20대 로스쿨 학생들 사이에 있었다면 어땠을까? 스트레스 받아서 졸업을 못 했을지도 모른다. 한국 로펌은 나이 어린 어소시에이트Associate를 선호한다 들었다. 어쩜 취업도 힘들지 않았을까 싶다.

능력주의 문화도 마음에 든다. 학벌, 지위, 나이보다 능력이 중요하다. 학벌 자랑은 암묵적으로 금지돼 있다. 예전에 같이 콘퍼런스 콜을 하던 변호사가 궁지에 몰리자 자신이 스탠퍼드 로스쿨 출신임을 힘주어 강조했다. "내가 스탠퍼드 로스쿨 다닐 때……!" 그 후로 한 시간 동안 모두가 그를 '스탠퍼드'라 부르며 놀렸다. "아, 이 문제 어렵네. 헤이, 스탠퍼드, 네 생각은 어때?" 그 '스탠퍼드' 변호사의 담당 클라이언트까지 옆에서 웃음을 터뜨렸던, 민망하지만 재미있었던 기억이다.

성과주의 문화는 이민자들이 만들어냈다. 구글 창업자 세르게이 브린Sergey Brin, 테슬라의 일론 머스크, 이베이eBay 창업자 피에르 오미디야르Pierre Omidyar는 각각 러시아, 남아공, 프랑스 이민자 출신이다. AMD와 엔비디아는 대만 출신 이민자들이 만들었다. 영어를 못해서 2년 동안 여덟 번이나 비자를 거절당한 끝에 미국에 올 수 있었던 줌Zoom 창업자 에릭 위안Eric Yuan의 일화는 유명하다. 이들이 만든 회사에서 일하고 돈 받는 사람들이 배경보다 능력을 중시하는 것은 당연하다.

미국 400대 부자 중 14%가 1, 2세대 이민자라는 통계도 있다. 미국 상위 10개 대학에서 창출한 특허 중 4분의 3은 이민자의 손에서 탄생했다(2011년 기준). 이유는 여러 가지다. "이민을 결정한 행위 자체가 엄청난 창업자 정신을 내포한다. 보다 나은 환경에서 살기 위해 미국에 온 사람들은 이미 용기도, 능력도 있는 사람들이다. 이 선택받은 그룹의 사람들이 실리콘밸리에 정착해, 도전적이고 성취 지향적인 문화 속에서 마음껏 능력을 펼치게 된다." 로스쿨 시절 내 지도교수가 했던 이야기다.

회사 동료들과 대화를 나누다 보니, 현재 보고 있는 넷플릭스 TV쇼가 전부 다르다. 살아온 인생과 가치관도 달라서 깊게 이야기할수록 신기하다는 생각이 든다. 당연히 동질 집단에서 발생하는 끈끈한 유대감은 약하다. 그래도 하나의 공통점이 있다면, 실리콘밸리의 다양성과 실리콘밸리가 제공하는 기회를 사랑한다는 점이다.

실리콘밸리 문화

3 × 도전해라, 실패해도 괜찮다

실리콘밸리 문화의 최대 강점은 실패도 성공 과정으로 보는 '실패를 보듬는 문화'다. 실리콘밸리 스타트업은 대부분 망한다. 80%는 3년 안에 망한다. 첫 창업이 성공하는 경우는 거의 없다. 대부분 실패를 거듭하고, 그 실패에서 얻은 인맥과 프로세스를 교훈으로 여러 번 도전 끝에, 일부만 겨우 성공한다. 창업에서 상장까지 가는 기간은 평균 약 7년이다.

창업자도, 직원도, 벤처캐피털도 이 사실을 알면서 투자한다. 창업했다 망하면 구글이나 페이스북에 취업한다. 창업 도전과 실패는 중요한 경력과 경험이 된다. 다시 창업해도 투자를 받는 데 아무 문제가 없다. 담보나 보증을 요구하지도 않는다.

내가 실리콘밸리를 선택한 이유도 실패를 실패로 보지 않는 문화에 끌렸기 때문이다. 내 커리어는 일반적이지 않다. 공대를 졸업하고 투자은행에서 트레이더로 일했다. 경영대학원을 졸업하고 자산운용사를 잠깐 다니다가 창업을 준비했다. 창업에 실패하고 로스쿨에 입학해 변호사가 되었다. 먼 길을 돌고 돌아, 여러 번의 시행착오 끝에 지금의 직업을 갖기까지 7년이 걸렸다.

이 과정을 실패로 보느냐, 성공을 위한 과정으로 보느냐 하는 것은 문화의 문제다. 실리콘밸리가 아닌 곳에서는 질문을 많이 받았다. 왜 공대생이 금융권에서 커리어를 시작했는지, 왜 갑자기 창업을 하려 했는지, 왜 경영대학원을 나와서 로스쿨을 또 갔는지 모든 것을 설명해야 하는 상황이다. 그들의 눈에 내 커리어는 비효율적이기 짝이 없는 실패한 선택의 연속일지도 모른다.

실리콘밸리의 문화는 나를 다른 사람으로 본다. 공학, 금융, 창업 경험 모두 훌륭한 특허변호사가 되기 위한 과정이었다. 내 미래도 모르는 일이다. 언젠가는 변호사 경험이 창업을 하기 위한, 혹은 훌륭한 투자자가 되기 위한 과정이었다고 말할 날이 올지도 모른다.

마지막 말
실리콘밸리는 지지 않는다

기술주 랠리, 나아가 미국 경제의 중심은 실리콘밸리다.

혁신을 독점하는 실리콘밸리의 힘은 도전, 다양성, 능력 위주의 문화에서 나온다. 매년 등장하는 수십 개의 혁신적 스타트업은 이민자 출신들이 세운 구글, 이베이, 테슬라와 이곳에서 일하는 수만 명의 사람들이 오랜 기간에 걸쳐 만들어낸 문화적 유산이다.

HP와 오라클이 실리콘밸리를 떠난다고 실리콘밸리의 쇠락을 점치는 것은 섣부르다. 언제 적 HP고, 언제 적 오라클인가. 그들은 실리콘밸리의 과거일 뿐 미래가 아니다. 대기업이 되어버린 그들에게 필요한 것은 혁신이 아니라 절세와 비용 절감이다. 실리콘밸리의 미래를 이끌 혁신적 회사들이 끊임없이 등장하는 한 실리콘밸리는 지지 않는다.

2021년 현재에도 여전히 스타트업 창업자들은 실리콘밸리를 벗어나지 못한다. 인공지능 영어회화 앱을 개발한 스픽Speak이 좋은 예다. 한국을 주요 시장으로 앱을 출시하며 화제가 되기도 했던 스픽의 창업자 코너 즈윅Connor Zwick은 하버드 자퇴생이다. 그는 고교 시절 만든 교육 앱으로 첫 창업을 하고 매각까지 성공한 베테랑 창업자entrepreneur다. 그런 그도 두 번째 창업을 위해서는 자퇴를 선택할 수밖에 없었다. 보스턴에 거주하면서 사업을 유지하기가 힘들었기 때문이다.

"하버드대학교를 중퇴했다고 하면 제가 학교생활을 싫어했을 거라 짐작하는 사람들이 많아요. 전혀 사실이 아닙니다. 학교에서 좋은 친구들을 사귀었고, 중요한 교훈들을 배웠습니다. 웬만하면 학교를 졸업하고 싶었지만, 창업을 하려니 일주일에 한 번씩 샌프란시스코에 와야 했어요. 그렇게 해서는 사업을 유지할 수가 없죠. 자퇴는 어쩔 수 없는 선택이었습니다."

창업자들이 실리콘밸리로 향할 수밖에 없는 이유는 사람이다. 영감을 주고 아이디어를 현실로 바꿀 능력을 가진 사람들이 실리콘밸리에 모여 있다. 코너 즈윅이 실리콘밸리를 오가며 했던 일 중 가장 중요한 일은 인재 채용이다. 한국을 주요 시장으로 염두에 둔 코너 즈윅은 실리콘밸리에 거주하는 한국인 엔지니어와 마케터 등에게 수십 번씩 찾아가 설득했다.

실리콘밸리 사람들은 최첨단 기술을 직접 다루며, 주식 투자도 열심이다. RSU(주식 보상)로 받은 자사주를 굴리며 투자 경험을 쌓고, 새로 등장하는 혁신적인 스타트업 소식에 안테나를 세운다. 그들의 대화 속에 알짜 정보가 숨어 있다.

이런 정보를 직접 접하기 어려운 투자자들에게 좋은 대안은 ETF다. 미국 증시 전체, 나스닥지수, 신규 상장주, 반도체 회사, 첨단 기술 투자까지 커버하는 검증된 ETF 상품이 시장에 널려 있다. 이 책 2, 4, 6, 8장 끝에 ETF 상품을 소개한 이유다. 내가 주장하는 '실리콘밸리 기술주 주도의 미 증시 랠리'에 동의하는 투자자라면, 이들 중 하나를 선택해 분산 투자한 뒤 잊어버리고 살기를 추천한다.

나는 일반 투자자들이 종목 선택이나 타이밍 캐치를 위해 공시 자료나 차트에 시간을 쓰는 것도 추천하지 않는다. 공시 자료의 정보는 말 그대로 대중적으로 알려진, 모두가 아는 옛날 정보다. 정보는 빠르게 퍼지고, 시장은 효율적이다. 차트도 마찬가지다. 차트는 기본적으로 단기 투자를 위한 것이므로, 2년 이상 장기 투자에는 거의 도움이 안 된다. 한국 투자자들에게 미국 주식은 장기 투자 상품이어야 한다. 거래 비용도 비싸고, 환율이라는 추가 변수도 있다.

나아가 나는 "과거를 봐야 미래를 알지 않느냐"라는 기본 가정에도 반대한다. 몇 년 전 실리콘밸리에서 화두가 된 단어 중 '언런unlearn'이라는 말이 있다. '배우다learn'의 반대말로 '반학습', 즉 한 번 배운 것을 깨끗이 지워버린다는 의미다. 예측의 논리가 통하지 않는 지금의 시대에 유능함이란, 과거의 경험에 의존하지 않고 새로운 지식을 학습하고 문제를 발견하는 능력을 의미한다.

투자의 세계도 마찬가지다. 2008년 금융위기도, 2020년 코로나19 대유행도 누구 하나 예상하지 못했다. 2019년 말 '내년(2020) 세계경제의 점진적 회복'을 예측했던 IMF는 5개월 만에 마이너스 6%의 전망을 새로 내놓아야 했다. 그런데 왜 투자자들은 여전히 2019년 우버 상장일 주가를 연구하면 2021년 로블록스 상장일 주가를 예측할 수 있다고 믿는지 알다가도 모를 일이다. 장기 기술주 투자를 위해서는 기본적인 경제 펀더멘털에 대한 이해와 기술 및 산업 트렌드의 빠른 캐치가 훨씬 중요하다. 그런 정보 접근성이 없는 먼 한국의 개인투자가에게는 ETF가 최선의 선택이다.

《앞으로 3년, 미국 랠리에 올라타라》에서, 스탠퍼드 경영대학원의 대럴 더피Darrell Duffie 교수는 개인의 개별 주식 종목 투자 자체에 반대하는 견해를 밝히기도 했다.

기본적으로 개인투자자들은 종목 선정과 타이밍에 필요한 정보를 얻을 수 없다. 한 기업의 주식에 투자하는 결정을 하기 위해서는 많은 시간과 노력이 든다. 회계 장부를 검토해 회사

상태를 파악해야 하고, 시장에 알려지지 않은 더 중요한 정보를 얻기 위해서는 경영진을 직접 만나고 고객이 상품과 서비스에 만족하는지까지 파악해야 한다. 그런 일을 할 수 있는 개인투자자는 없다. 그런 일을 하기 위해 금융회사나 펀드매니저가 있는 것이다.

스탠퍼드 경영대학원의 찰스 리Charles Lee 교수 역시 같은 생각이다. 개인투자가에게는 ETF를 이용한 인덱스 투자가 정답이라 이야기한다. 수익률, 투자 비용, 그리고 인생의 행복 측면에서 그렇다.

첫째, ETF 분산투자의 30년 장기 평균 수익률은 연 9%다. 이 정도면 충분하다. 10년 복리면 두 배가 넘고, 30년이면 13배가 된다.

둘째, 비용이 싸다. 거래 수수료도 싸고, 숨겨진 투자 비용도 적다. ETF, 인덱스 투자는 기본적으로 투자 빈도수를 최소화하는 것을 목표로 한다. 전체 시장 수익률을 추종하는 것이 목표이기 때문에, 투자 종목도 자주 바뀌지 않는다.

셋째, 스트레스가 적다. 개인투자가가 개별 회사의 실적이나 뉴스에 반응하고 신경 쓸 필요가 없다.

찰스 리 교수는 말한다.

마지막 말

인덱스 투자의 결과는 항상 좋다. 별 신경을 쓰지 않고 살다가 어느 날 문득 확인해보면 투자금이 불어나 있다. 좋은 투자란 사람들이 그냥 잊어버리고 가족과 즐겁게 시간을 보낼 수 있는 것이다. 투자는 인생의 수단일 뿐 목적이 될 수 없기 때문이다.

2021년 6월 펠로앨토에서

양연정

저자

양연정 J.D. M.B.A. C.F.A

현 미국 실리콘밸리의 투자, 법률 전문가. 공학도의 길을 꿈꾸며 KAIST 전자공학과를 졸업했다. 우연한 기회에 금융공학 분야에 입문하여 JP모건 체이스 증권 서울과 홍콩 지점에서 일했다. 주로 채권 파생상품 거래를 담당하면서 2008년 금융위기를 시장 한복판에서 경험했다. 그 후 관련 경험을 발판으로 제18대 국회 정무위원회에 5급 정책 비서관으로 들어가 파생상품 손실 관련 조사와 입법 업무를 담당했다. 세계은행(The World Bank)에서 투자 컨설턴트, 호주뉴질랜드은행(ANZ)에서 트레이더로 일했다.

2013년 스탠퍼드 경영대학원에 진학하며 미국 실리콘밸리로 이주했다. 졸업 후에는 세계 최고의 채권 운용사인 핌코(PIMCO)에서 미국 회사채 분석 업무를 담당했다. 이후 대학원 지도교수였던 스탠퍼드 교수와 함께 자산운용 서비스 회사를 설립하고《앞으로 3년, 미국 랠리에 올라타라》를 집필했다. 사업 실패 후 오랜 꿈이었던 로스쿨에 진학, 현재 세계적인 로펌 화이트 앤 케이스(White & Case)에서 특허변호사(Patent Attorney)로 근무하고 있다. 이 책은 저자가 금융시장에서 쌓은 실전 경험에 실리콘밸리 특허변호사로서의 통찰이 더해진 결과물로, 한국 투자자들에게 합리적인 미국 투자 전략을 제시한다.

실리콘밸리를 읽으면 미국 주식이 보인다

2021년 7월 20일 초판 1쇄

지은이 양연정
펴낸이 김상현, 최세현 **경영고문** 박시형
편집인 정법안 **편집** 윤정원 **디자인** MALLYBOOK 최윤선, 정효진
마케팅 양봉호, 임지윤, 양근모, 권금숙, 이주형, 신하은, 유미정
디지털콘텐츠 김명래 **경영지원** 김현우, 문경국
해외기획 우정민, 배혜림 **국내기획** 박현조
펴낸곳 (주)쌤앤파커스 **출판신고** 2006년 9월 25일 제406-2006-000210호
주소 서울시 마포구 월드컵북로 396 누리꿈스퀘어 비즈니스타워 18층
전화 02-6712-9800 **팩스** 02-6712-9810 **이메일** info@smpk.kr

ⓒ양연정(저작권자와 맺은 특약에 따라 검인을 생략합니다)
ISBN 979-11-6534-377-4 (03220)

쌤앤파커스(Sam&Parkers)는 독자 여러분의 책에 관한 아이디어와 원고 투고를 설레는 마음으로 기다리고 있습니다. 책으로 엮기를 원하는 아이디어가 있으신 분은 이메일 book@smpk.kr로 간단한 개요와 취지, 연락처 등을 보내주세요. 머뭇거리지 말고 문을 두드리세요. 길이 열립니다.